ホツマの神々が伝える
日本の心を
取り戻す
悠久の縄文スピリッツ
縄文の教え88

文　原田峰虎
イラスト　牛嶋浩美

かざひの文庫

はじめに

今だけでなく金だけでなく自分だけでない、縄文の世界とは?

争いがなく、豊かな自然の恵みを四季折々に味わっていた、と考えられている縄文時代。男は男らしく、女は女らしく、それぞれの優しさと強さを発揮して、子供たちには笑顔が満ちあふれていた日の本ヤマトの社会。先祖代々が眠る地を中心にして、円形に拡がる集落では、老若男女がそれぞれ学び、自己研鑽しながら働き、いつも語り合って、古い智慧に新しい技術をつむぎ合わせながら伸び伸びと暮らしていたようです。

戦後の学校教育で刷り込まれた偽りの縄文社会観は、埋蔵物発掘と解析により、急速に塗り替えられてきています。私たち日本の縄文時代は、世界で類のない先史文明を築き、すでに四万年ほど前から黒潮上の島々と定期的な航海で結ばれ、狩猟と採集と農耕を組み合わせて集団定住を行い、世界最古の土器をつくり、機織りをして文化的で清楚なオシャレ生活を楽しんでいたのです。

毎日が楽しく、やりがいに満ち、いつ死んでも幸せ、と思えるような縄文時代の暮らしは、でも、現代的な意味で言う「個性が発揮」される世の中では、なかったようです。メヲつまり女と男が固く結ばれ、子と親が睦まじく寄り添い、それぞれが己の役割を自覚して、血族を守り、やるべき使命に素直に従うような社会です。そうすることで、ご先祖さまたちの恵みを受け、ご先祖さまたちがいらっしゃる、星空の彼方、天界の神々に祝福されることを疑いなく信じていたのでしょう。

神と人が、想像以上に近しい間柄だったのが、縄文時代です。定住集団のリーダーを「ヲサ（長）」と呼び、定住集団をまとめる「アガタ（県）」には、県主がいて、アガタがまとまると「クニ（国）」を形作り、「クニカミ（国守）」が置かれていたと、古文書は伝えます。つまり「カミ」とは、地上にあっては、人々を導く「マツリコト（祭祀政事）」のリーダーだったのです。

そしてまた、生と死が、心地よくつながり巡っていたのが、縄文時代です。人生とは、一回限りではなく、何度でも巡ってくる、「学びと働き」のチャンスなのだと、縄文人たちは自覚していたようです。言い換えれば、「天界からの聖なるミッション（定め）」を深く受けとめ、そのミッションに全力で取り組めることを楽しんでいたと思われます。楽しんで取り組めば、たとえやむなく途中で終わったとしても、タマ（精神）とシヰ（肉体）は、潔くタマノヲ（魂の緒）がホドケ（解け）、ホトケサマとなって天界に還ります。天界に還ったタマは、星空から子孫縁者を見守りつつ、再び地上に再臨する縁をゆったりと待っているのです。

本書の神々の言葉は、縄文叙事詩『ホツマツタヱ』に登場する神々の御言葉から拾い出しました。『ホツマツタヱ』は、天地開闢からイサナギとイサナミを経て天照大神、神武天皇のご即位、日本武尊のご活躍の時代までを描く、古事記や

はじめに

日本書紀の原典となった古文書です。

神々の御言葉をよく読むと、縄文時代ほど、「生きること」に真剣であった時代はないのではないかと思うほどです。平和な時代にも道を外れるきっかけはありました。子育てや、メヲ（女男）の相互理解に悩み、飽食や慢心によって痛い目にあうこともあったようです。でも、常にそのような際の「気のケガレ」を自覚し、素直に学び直し、生き方を悔い改めて、明るさを取り戻していたのでした。

今の世の中は、生きることが困難な時代です。新しい技術の変化速度は、めまぐるしく、支えとなる古い智慧は忘却の彼方に追いやられています。

「今生を生きる」。呆けて踊らされる日々から、明るく舞う日々へと踏み出す一歩は、私たち一人ひとりの「目覚め」にあります。縄文の神々のメッセージが、目覚めのきっかけとなれば幸いです。

とらさん　原田峰虎

Contents

はじめに 002

空の巻 おんなとおとこ

縄文の教え1 木と実のように男女は一心一体 012

縄文の教え2 床神酒はまず女性から 014

縄文の教え3 天と地のごとく結ばれよ 016

縄文の教え4 女と男はそれぞれ月と日のように定められた性格と運命がある 018

縄文の教え5 女に男あり、男に女あり 020

縄文の教え6 男は太陽、女は月かけがえのない存在 022

縄文の教え7 女性は愛情に包まれて暮らせ 024

縄文の教え8 添い遂げることが幸せの鍵 026

縄文の教え9 美女に気をつけろ 028

縄文の教え10 嫉妬は身の破滅 030

縄文の教え11 帯は男と女で締め位置が違う 032

縄文の教え12 色恋も道を外れると病の源 034

縄文の教え13 愛する者のために龍となる 036

COLUMN1 ホツマツタヱとは 038

風の巻 生きる知恵

縄文の教え14 誘惑は常に甘い言葉 040

縄文の教え15 辛抱してれば再浮上 042
縄文の教え16 反省が浅いと心の醜さは消せない 044
縄文の教え17 驕る心が凶器のもと 046
縄文の教え18 成功と慢心は転落のもと 048
縄文の教え19 始めと終わりが肝腎。磨けば光る 050
縄文の教え20 金の亡者は子宝を失う 052
縄文の教え21 強欲を捨てなさい 054
縄文の教え22 大成功は、不幸の引き金 056
縄文の教え23 素直なら蘇り、強欲なら埋没する 058
縄文の教え24 捨てず集めずワザを知れ 060

縄文の教え25 集めて貯まった財はゴミ 062
縄文の教え26 妬みは我が身に毒となる 064
縄文の教え27 小賢しくせず大道を歩め 066
縄文の教え28 花のように咲け 068
縄文の教え29 清らかな心を枯らすのは驕り 070
縄文の教え30 内なる真心なくしては安らぎが消える 072
縄文の教え31 悪行はすべて病気に出る 074
縄文の教え32 成熟は努力次第 076
縄文の教え33 心に神も鬼も棲む 078
縄文の教え34 明るく輝く存在となれ 080

縄文の教え35 四十九日法要と祥月命日の祀り 082
縄文の教え36 穢れを断ち、潔く生きる 084
縄文の教え37 盛衰あっても忠実をなせ 086
COLUMN2 ヲシテ文字とは 088

△ 火の巻 子育てと食育

縄文の教え38 あわうた歌って健康長寿 090
縄文の教え39 お宮参りは和歌の数 092
縄文の教え40 嫉妬は子ダネを噛み殺す 094
縄文の教え41 先祖祀りを欠かすと災難 096
縄文の教え42 子孫繁栄こそ夫婦の幸せ 098
縄文の教え43 授くは恵む 100
縄文の教え44 肉食は身の穢れ 102
縄文の教え45 米食菜食、そして魚食がよし 104
縄文の教え46 肉食は避けて米を食え 106
縄文の教え47 天寿を全うすれば菊花の香り 108
縄文の教え48 他人を憧れる生活はキケン 110
縄文の教え49 育児は生まれる前から父母ふたりで 112
縄文の教え50 厳格すぎると子供をダメにする 114
縄文の教え51 指導者教育は懇ろに 116
縄文の教え52 厳しいばかりでは道を誤る 118

縄文の教え53 甘やかしすぎでねじけると厄介 120
縄文の教え54 スパルタ式で要領よく育てると悪党になる 122
縄文の教え55 焦るな、ゆっくり諭せ 124
縄文の教え56 秘密の呪文 126
縄文の教え57 飽食は自滅する 128
縄文の教え58 中絶（まびき）はダメ 130
COLUMN3 天地人と「道」、そして「柱」 132

3 水の巻 リーダーシップ

縄文の教え59 父母の慈愛で民を恵む 134
縄文の教え60 恐れるな、神の心で立ち向かえ 136
縄文の教え61 民心とともにあるから無敵 138
縄文の教え62 悪党は薙ぎ倒せ 140
縄文の教え63 教え諭し続ける 142
縄文の教え64 教え教わり分を務む 144
縄文の教え65 人財は適材適所 146
縄文の教え66 鞭より諭し 148
縄文の教え67 失敗にも更生のチャンスを 150
縄文の教え68 素直であれば刑罰は不要 152
縄文の教え69 不正な温情は謀反の源 154
縄文の教え70 千丈の堤も蟻の一穴より 156

二 地の巻 お天道さまと罪

縄文の教え71 役人の増長は重罪 158
縄文の教え72 民あるゆえの君なり 160
縄文の教え73 古いしきたりも時に見直す 162
COLUMN4 ご皇室と「神のいと」 164
縄文の教え74 知恵者が魔物に化ける 166
縄文の教え75 悪知恵で味をしめると地獄の苦しみ 168
縄文の教え76 悪党でも救われ成仏できる 170
縄文の教え77 天の許しは反省後の行動次第 172
縄文の教え78 天に還る道を知れ 174
縄文の教え79 神罰などはない 176
縄文の教え80 物乞い生活では来世はケモノ 178
縄文の教え81 あなたの命はあなたが受けついだ宝 180
縄文の教え82 自殺では天に還れない 182
縄文の教え83 お天道さまはお見通し 184
縄文の教え84 悪事は身に返る 186
縄文の教え85 悪事は後の病の源 188
縄文の教え86 能力ある悪党ほど報いを受ける 190
縄文の教え87 人はひとつの小宇宙 192
縄文の教え88 罪は免れることはない 194
おわりに 196

※この本は今村聡夫著『はじめてのホツマツタヱ』天の巻・地の巻・人の巻の三部作とセットになっています。各ページに掲載されている原文は記載されている書籍のページ数・行数に見つけることができますので、興味を持たれた方はそちらをご覧ください。その前後のストーリーなども楽しむことができます。

縄文の教え

空の巻

おんなと
おとこ

縄文の教え 1

木と実のように男女は一心一体

一心同体から分かれた
「木と実」と同様に、
男《き》と女《み》は元々ひとつ。
君主も両性結和の
心がけが大切です。

原文
身《み》を分《わ》け生《お》ふる　木《き》の実《み》ゆえ　キミは男女神《おめかみ》

カナサキ神　『はじめてのホツマツタヱ』天の巻1アヤ25頁の1

空の巻

おんなとおとこ

男（キ）と女（ミ）はそれぞれ聖なる存在であり、ひとつとなることによって完全になる存在です。

木は、花を咲かせて実を結ぶことにより新たな命を生み、実は己を捧げることにより、新たな命を甦生させます。実なくして木は生まれず、木なくして実は生まれません。

男と女は、もともとはひとつの完全体が身を分けて誕生したものであり、それぞれに大切な役割があります。各々の内側には相手の性を包み持つ両面性があります。相手の中に、自分自身を観るのです。

君·臣·民の頂点に立つ君は、男であり女でなくてはなりません。男神と女神とが、手を携えて、心をひとつにして力を合わせ、それぞれの違いを尊重しながら、役割を果たすことが大切です。相手が自分自身を活かすかけがえのない存在だと、互いに認め合うことが人倫の原点なのです。

縄文の教え
2

床神酒はまず女性から

女神がまず飲んで男神に勧め、味わった後に睦《むつ》み合うのが「床神酒《とこみき》」というものです。

原文

女神《めかみ》まず　飲《の》みて勧《すす》むる　のち男神《おかみ》　飲《の》みて交《まじ》わる　床《とこ》の神酒《みき》

カナサキ神　『はじめてのホツマツタヱ』天の巻2アヤ41頁の2

女と男が睦み合う時は、床神酒を飲んで身を浄め、心に火を灯します。その床神酒は、まず女が先に飲んで、後に男に勧めます。

男が先に言葉で女を誘い、それを受け入れた女が、床神酒を飲み、それを男に勧めることで、順逆が調うのです。

何事にも、女と男には順序が大切で、常に相手を認め、尊重することが肝腎《かんじん》です。待つこと、待たされることを受け入れて、ようやくひとつに溶け合うことができるのです。

縄文の時代から、床に入る作法があり、しかもその時にお酒を嗜《たしな》んでいたとは不思議ですね。結婚式での三三九度の祝い酒も、床神酒にちなむ慣習だと考えられるそうです。

縄文の教え
3

天と地のごとく結ばれよ

男はその精を
父から嗣《つ》ぎ、天となり
大地を抱きなさい。
女はその精を
母から嗣《つ》ぎ、地となって
天空に抱かれるのです。

原文
男《お》は父《ちち》に得《ゑ》て　地《は》を抱《いだ》け　女《め》は母《はは》に得て　天《あ》と寝《ゐ》ねよ

イサナギ神『はじめてのホツマツタヱ』天の巻7アヤ137頁の1

空の巻

おんなとおとこ

男と女が愛し合うことは、二人だけの世界を創ることではなくて、実は宇宙を生み出す、大きくはるかな試みです。

「オレのモノになれ」とか「私だけを愛して」とか、ではない世界。

この世のすべての美しさを相手の女に感じて男は抱き、この世のすべての強さを相手の男に感じて女が眠る時、この世界に優しさが満ちあふれるのでしょう。

天と地が結ばれること。愛とは、天地創造だったのです。

女と男はそれぞれ月と日のように定められた性格と運命がある

女も男も氏素性《うじすじょう》、貧富貴賤《ひんぷきせん》なく、みんな天地宇宙の原理に叶って恵みを受けています。君主は光を恵む太陽と月で、指導者は地の光、そして庶民もすべて光の魂を宿しているのです。

原文
妹背《いもおせ》は　八百万氏《やおよろうぢ》の　分《わか》ちなく　みな天地《あめつち》の　法備《のりそな》ふ
君《きみ》は天照《あまて》る　月日《つきひ》なり　国神《くにかみ》はその　国《くに》の照《て》り　民《たみ》も月日《つきひ》ぞ

カスガマロ神（アマノコヤネ）『はじめてのホツマツタヱ』天の巻13アヤ238頁の4

空の巻

おんなとおとこ

女と男には、それぞれ月と日のように生まれ持った役割、運命があり、性格も違いがあります。貴賤を問わず、地位や年齢が変わっても、その男女の違いは同じようにあります。

男と女の間には深くて暗い川がある、という古い歌の歌詞がありました。深くて理解がしづらい溝があるのは確かですが、その厳格な性差を「暗い」ものとはホツマツタヱでは考えていないようです。

むしろ、「性差があるから」互いを必要とし、求め合い、楽しく睦み合うのだと教えます。明るく対等な関係を理想としています。

月は太陽に照らされるだけの受け身の存在ではありません。月が美しく素敵であるからこそ太陽は光り輝くのではないでしょうか。

縄文の教え 5

女に男あり、男に女あり

陰の部分にも火の要素があります。
火摺《ひず》り木や火打ち石で
火が起こるのは、陰の火です。
陽の部分にも水の要素があります。
燃える炎の中心が暗く見えるのは、
陽のなかに水があるからです。
陰陽は対極だけれども、
その元はひとつの神なのです。

原文
陰《め》に火《ほ》あり　檜《ひ》擦《す》り火《ひ》打《う》ちは　月の火《ひ》ぞ　陽《お》に水《みず》ありて
燃《も》ゆる火《ほ》の　中《なか》の暗《くら》きは　火《ほ》の水《みず》よ　陰《め》陽《お》と違《たが》えど　神《かみ》ひとつ

カスガマロ神（アマノコヤネ）『はじめてのホツマツタヱ』天の巻13アヤ238頁の9

おんなとおとこ

女と男は、互いに異質な存在ですが、実はそれぞれの性に異性の欠片を具《そな》えているものなのです、とホツマツタヱは教えます。

火のないところにも摩擦で火が立ち上がり、燃える炎の中心には暗い部分があると諭すのです。

女と男は互いを必要とする関係です。

求め合うには理解と許容が必要ですが、まず、自身の中の異性を認め、尊重し、大切にする心が重要。

元はひとつと自覚することです。

縄文の教え 6

男は太陽、女は月
かけがえのない存在

良き夫は太陽であり、
良き妻は月です。
月は自ら光りませんが、
太陽の光を受けて、
その光とします。
互いを認め合ってこそ光り輝くのです。
妻夫《めおと》も同じことです。

原文

良夫《よおと》は日なり　良妻《よめ》は月　月はもとより　光《ひかり》なし
日光《ひかげ》を受けて　月の光《かげ》　女男《めお》もこれなり

カスガマロ神（アマノコヤネ）『はじめてのホツマツタヱ』天の巻13アヤ239頁の4

おんなとおとこ

良き男は太陽のごとくあり、良き女は月のごとくある。
月は自ら光り輝くのではなく、太陽の光を受けてこそ美しく優しく夜を照らすのです。夜を照らすことができるのは、月だけです。太陽はその代わりをすることはできません。

そして月の働きが、潮を司り、暦を刻み、命の誕生と終焉に関係することをホツマの縄文人は知っていました。

太陽がすべてのチカラの源泉であるとしたら、月はすべての時の振り子であると観ていたのかもしれません。チカラなくしては始まらないし、時が刻まれなければ始まりも終わりもないのです。

日月と同じように、男女は、お互いかけがえのない存在であり、互いを必要としているのです。

縄文の教え 7

女性は愛情に包まれて暮らせ

女人に定まった住処《すみか》はありません。愛され優しく包まれる、男の愛情の言葉にこそ、安らぎの住処を求めるのです。

原文

女《め》は世《よ》に棲《す》める　ところ得《ゑ》ず　愛《うま》し情《みやび》の　愛《ゑ》心《い》に居《お》れ　妙《たえ》の言葉《ことば》に　求《もと》むべし

カスガマロ神（アマノコヤネ）『はじめてのホツマツタヱ』天の巻13アヤ240頁の2

「女には定まった住処はない」と、衝撃的な言い切りをホツマはします。でも、続けて「愛情こそが女の住処なのだ」と語ります。

「天の恵みが夫の愛であり、愛に満ちた安らぎの言葉のなかにこそ女としての安住の地を求めよ」とカスガマロ神は言います。

「愛に生きる」ことこそ女の道とも理解できますし、「愛を育む」ことこそ女の使命ととらえることもできそうです。

愛のない生活は、女のいるべきところではない、と受けとめると少々過激な香りもします。

また、愛のある生活は「妙《たえ》の言葉」に求めよ、という教えも深いですね。男と男との関係に「黙って俺についてこい」は、ありえても、男と女の関係には「愛ある言葉」が大切です。男と女にこそ、言霊《ことだま》を。

縄文の教え

8

添い遂げることが幸せの鍵

太陽は天空に輝き、月は大地を守る。良き妻の操《みさお》は、良き夫ただひとりに向かってこそ輝くのです。

原文

日は天《あめ》に　月は地守《つちも》る　良妻《よめ》の身は　良夫《よおと》ひとりに　向かう日《ひ》ぞ

カスガマロ神（アマノコヤネ）『はじめてのホツマツタヱ』天の巻13アヤ241頁の3

空の巻

おんなとおとこ

日は天空を守護し、月は地球を守護します。

男が天下泰平の責務を担い、女は家内円満の責務を担います。そこには、先後も尊卑もありません。

男は女を得てはじめて家族を養い守ることができ、女は男に生命力を与えるかけがえのない唯一の存在です。

つまり女は愛する男に対しては太陽のような存在なのです。

生きているかぎりたったひとりの男を愛しなさい。

あなたが太陽となって男に与える力が、やがてあなたを温めるのです。

縄文の教え 9

美女に気をつけろ

美人でも
心の荒《すさ》んだ女がいます。
容姿が優れぬ女に、
実は心の美徳があるものです。
男と女の道は外見に
惑わされてはいけません。

原文
女《め》の姿《すがた》　良《よ》くて荒《あ》るるも　不美人《みにくき》に　良《よ》き美徳《みやび》あり
風情《よそほひ》に　な踏《ふ》み迷《まよ》ひそ　伊勢《いせ》の道

カスガマロ神（アマノコヤネ）『はじめてのホツマツタヱ』天の巻13アヤ250頁の9

女性の容姿が良いと、男たちはそそられて「盛り」がつくけれども、実は不美人な女性にこそ、本当のミヤビ、すなわち美徳があるものです。

引く手あまたの女性は、ついつい「選ぶ側」に立ってしまいがちですが、女性の美徳は、選ばれるための努力によって発揮されるものです。

男性相手からの申し出を受け入れるか断るかを、最終的に決めることができるのは女性である自分だけだ、と知る女性は賢明です。

自分自身の真のミヤビを「選び求める」男性と巡り逢うために、賢明な女性は心を磨きます。

ああ、でも引き籠もって目立たないことが女性の美徳というわけでもありません。

古来、女性はウタを詠むことで自身の「甘美な香り」を振りまいてもいたのです。

縄文の教え
10
嫉妬は身の破滅

美しい花同士が争い合うと、ともに散るものです。美しい女こそ、つつしみを忘れてはいけません。

原文

花《はな》と花　打《う》てば散《ち》るなり　諸《もろ》ともに　常《つね》につつしみ　な忘《わす》れそこれ

コモリ神『はじめてのホツマツタヱ』天の巻16アヤ306頁の4

空の巻

おんなとおとこ

古代の「恋愛道」のご指南役ともいえるコモリ神は、数多くの女性の悩みに答えてきました。

コモリ神が、「女性にとって大切なのは」と教える第一は、「嫉妬は、ほどほどにしないと身の破滅になりますよ」という教えでした。

美しい花であっても、花と花がぶつかり合ったら、美しい花びらが散ってしまいます。嫉妬で女性同士がぶつかり合うことの危険を諭します。

他所の花のことを気にもむよりも、自分が美しく咲くこと、大切な実を育てることに専念したほうが、よっぽど賢明ですよ、と教えるのです。

しぼんだり、枯れたりすることがあっても、「何度でも咲ける」ことを信じて、時を待つことも必要です。人を妬《ねた》まず、いつも朗らかにいたいものですね。

つつしみあれば花ひらく、です。

縄文の教え
11

帯は男と女で締め位置が違う

着物の帯は、身心を固める要《かなめ》です。男はへそ下に、女はへそ上に締めるのが理にかなうのです。

原文
帯《おび》は五体《ゐわみ》の　固《かた》めなり　男《お》は下合《したあ》わせ　女《め》は上《うえ》ぞ

コモリ神『はじめてのホツマツタヱ』天の巻16アヤ307頁の4

帯は、日本人にとって実は大切な要となる着物です。

帯を締めることによって手足と胴体が本来の機能を発揮し、内臓の機能も活性化するのです。和服の基本は帯にあると言えるかもしれません。

その締める位置は男女に違いがあります。

男はへそ下に帯を締め、女はへそ上に締めるのです。

同様に、男のふんどしはへそ下に締め、女の腰巻きはへそ上に締めます。

男女ともにそれぞれその位置を締めることにより、肛門を締めることにつながり、丹田が活性化します。

姿勢が美しく、力強くなり、疲れにくく、健康に寄与します。

帯生活、始めませんか。

縄文の教え 12

色恋も道を外れると病の源

色恋も、作法にのれば間違うことはありません。横道に外れると、たとえ燃え上がっても苦しむ元です。

原文

色惚《いろほ》しも　道《みち》もてなせば　過《あやま》たず　横《よこ》よらば病《や》む

コモリ神『はじめてのホツマツタヱ』地の巻17アヤ45頁の2

恋

愛の欲求は、人の欲求の中でも激しいものですが、天の法度《はっと》をふまえ、心にミヤビを備えていれば、道を踏み外すということもありません。しきたりに則り、お互いが相手を尊重して、欠けを補い合い、慈しみをもって愛し合えば、幸せを得ます。

けれども、と子宝に恵まれ医道に秀でたコモリ神は、戒めます。横道にそれた不倫は、いけません。結局はお互いを傷つけ合い、いつしか身心を病むような泥濘《ぬかるみ》にはまり、自由を奪われることになるでしょう。

深くて満ち足りた愛の賛歌は、背徳の世界では歌われず、祝福のなかでこそ響くのです。

縄文の教え

13

愛する者のために龍となる

天地の神々に祈ります。
わが夫はこの大和国の光輝を
甦らせようと戦っているのです。
私は夫のために
身代わりとなり海中に身を投げ、
龍神となって、この船を
御守りいたしましょう。

原文

アメツチ祈《いの》り　我《わ》が君《きみ》の　稜威《いつ》をヤマトに　立てんとす
われ君《きみ》のため　龍《たつ》となり　船守《ふなまも》らんと　海《うみ》に入《い》る

オトタチバナ姫神『はじめてのホツマツタヱ』人の巻39アヤ２０４頁の10

人柱となる覚悟で荒海に我が身を投げ入れたオトタチバナ姫の辞世の歌。すべての男は、愛する女性と家族を守るために命を賭すことを厭いません。また、すべての女は子や孫を守るために身を投げ出すことを覚悟しています。それは人間に限らず、雄雌のある生き物は、基本的にそうやって種と血統を守り維持していくことを第一原則に生きるものです。

しかし、人間だけは、いざとなれば「他者を救う」ために男のみならず女も命を投げ出す覚悟を持つ存在です。川や海で溺れる人を見たら、相手が見ず知らずであっても救助に向かう人もいるのが、人間です。「誇り」に殉じることができる、高度な霊性を持っているとも理解できるでしょう。そして、その奥底には、深い愛があるのです。

COLUMN 1

ホツマツタヱとは

漢字が我が国に伝わる以前からあった日本固有の神代文字『ヲシテ』で記された、日本古代の神々の物語です。

五七調の叙事詩で綴られた壮大な物語は、十万行にも及び、その記述が日本書紀や古事記の原典ともなったと考えられています。

我が国のはじまりとなる天七代《あめななよ》の昔から、イサナギとイサナミ両神、アマテラス大御神、天孫ニニキネ（瓊瓊杵尊）を経て、カンタケ（神武天皇）からヤマトタケ（日本武尊）までの激動の古代史を活き活きと描いて伝えてくれています。

1万6500年ほど前から始まるとされる縄文時代が物語の舞台です。つまり、神々とは私たち日本人のご先祖さまのことであり、オトコ神とオンナ神が力を合わせ「ひのもとやまと（日本国）」の原型をおつくりになった軌跡が「神々の生の御言葉」で表現されています。

世界では「異質·特殊」ともいわれる私たち日本人の独自の心の持ち方、行動原理、人生の捉え方、その源流が「縄文の教え」にあったことに気づかせてくれる物語です。

セオリツ姫やワカ姫、伊勢外宮に祭られるトヨケ神やニギハヤヒ神など、記紀神話では隠されてしまった神々の真実像が明らかとなり、ヱミス神やワケイカヅチ神の実像、ソサノヲとヤマトタケをつなぐ運命の糸など、ベールに包まれていた古代の真相に光を当てる記述が目を惹きます。まるで謎解き小説のような醍醐味があります。

最古の完全版写本が再発見されて、ようやく30数年。神々の言葉が、今この時代に甦ることは、何処からのメッセージなのでしょうか。

縄文の教え

風の巻

八

生きる知恵

縄文の教え
14

誘惑は常に甘い言葉

功績を立てれば、天下は思うがまま。

原文 功《いさおし》ならば　天《あめ》が下《した》

ハヤコ姫『はじめてのホツマツタヱ』天の巻7アヤ122頁の7

自分勝手に激情したソサノヲ神は、叛逆の剣を手にします。そんな短慮なソサノヲ神を「利用できる」とみた名家令嬢のハヤコ姫。ソサノヲ神をうまく操って、おのれの嫉妬と野心から天下転覆をたくらみます。

悪事をそそのかす悪党は、その行為を「悪事」とは決して言いません。「我慢する必要はない」「あなたこそが選ばれた勇者」「○○を助けるためにやるべき」「これ以上失うものはない」などと、甘く巧みにささやくのです。

「うまくコトが運べば、天下はあなたのモノになるのよ」とそそのかされたソサノヲ神は、道を踏み外しました。長い流離《さすら》いの日々をおくる泥沼に踏み込んでしまうのです。

激情は、破滅の第一歩だと戒めましょう。そして、甘い言葉にはウラがあると気をつけるほうがいいですね。悪党ほど、甘い言葉が上手なものです。

縄文の教え
15

辛抱してれば再浮上

必ず待ちなさい。時機は必ず巡り来るものです。

原文　必《かなら》ず待《ま》てよ　時《とき》ありと

セオリツ姫神　『はじめてのホツマツタヱ』天の巻7アヤ124頁の1

モチコ・ハヤコ姉妹の不倫と悪だくみを事前に察知したセオリツ姫は、すべてを飲み込み、二人に謹慎を命じます。後宮からの退去を命じますが、穏便に計らい、慈しみの言葉をふたりに届けます。

過去の事実は変わらなくとも、過去への評価は変えることができます。たとえ過ちを犯してしまったとしても、それからの時の流れをいかに生きるかによって、将来は大きく異なる結果を生みます。

大きな失敗を犯した時、「ああ、あのせいで」と振りかえる後悔をあなたは重ねますか。それとも、「ああ、あのおかげで」と振りかえる再起を目指しますか。同じ体験であっても受け止め方によって、不運の始まりにも、幸運のきっかけにもできるもの。あなた次第なのです。

今、選択する生き方ですべては変わってくるのです。

縄文の教え

16

反省が浅いと心の醜さは消せない

まだ汚いですね、その心は。恥も知らないのですか。

原文

なお汚《きたな》しや　その心《こころ》　恥《はぢ》をも知《し》らぬ

ワカ姫神『はじめてのホツマツタヱ』天の巻9アヤ181頁の5

タカマを追放され流離《さすらい》の身となったソサノヲ神でしたが、イナダ姫を得て子を授かることができました。

姉のワカ姫神との誓約を思い出した彼は、「宣言通り男児を授かった。俺は間違っていなかった」とわざわざ伝えに出向き、ワカ姫神に叱責されます。

「自分が、自分が……」と言っているかぎり、心は成熟しません。

目標のハードル越えや、何かをつかむ成功に自惚れていては、真の幸せは得られないのです。

縄文の教え 17

驕《おご》る心が凶器のもと

よくよく考えると
「ハタレ」とは、
そもそも驕った
心に染まる
自分自身が
元凶だったのです。

原文

想《おも》い思《おも》えば　ハタレとは　驕《おご》る心《こころ》の　我《われ》からと

ソサノヲ神『はじめてのホツマツタヱ』天の巻9アヤ183頁の6

風の巻

生きる知恵

優秀な兄や姉に囲まれて育ち、「いつか乗りこえてやる」「いつか見返してやる」と腕を磨いてきたソサノヲ神。やがて、その実力を畏怖した取り巻きの者たちからチヤホヤされ、慢心していきました。

けれども、長い流離《さすらい》の日々で、うわべだけではない他者の真心に触れて、自分の生き方に根本的な間違いがあったことにようやく気づき、改悛の熱い涙を流します。

「ハタレ」とは古代に朝廷に対して叛逆を企んだ悪党どもです。我欲をほしいままに驕り高ぶった連中でした。その悪党首魁としてソサノヲ神はまつりあげられていたのです。

元はといえば「驕《おご》る心」のもとは、実力であり、成果であり、実績です。そのために重ねた努力や引き込んだ幸運もあったでしょう。

つまり実は「成功」がつまずきの卵です。

「成功」を我がものと考えるか、賜りものと考えるか、そこが運命の分かれ道なのです。

縄文の教え 18

成功と慢心は転落のもと

出雲に立派な
宮居を構えた
ヲホナムチでしたが、
「満月の後は欠けていく」
これは条理と
いうべきなのでしょうか。

原文

出雲《いずも》八重垣《やゑがき》　ヲホナムチ　満《み》つれば欠《か》くる　理《ことはり》か

ヨコベ守『はじめてのホツマツタヱ』天の巻10アヤ197頁の4

性根を入れ替えて天恵を得たソサノヲ神。

後にもうけた跡継ぎ息子のクシキネは、心根も良く努力家で、出雲の地を豊かにし、領民からも親しまれます。ヲホナムチという敬称も得ます。しかしながら、やがてその成功体験が慢心を生み、朝廷を軽んずる気持ちを育んでしまいます。

三日月も半月を経て満月となれば、やがて「欠け」を生じます。

驕りが過ぎたヲホナムチはこの後に「国譲り」を迫られるのです。

「おかげさま」の感謝心を見失うと、運気は坂道を駆け下るのかもしれません。

縄文の教え

19

始めと終わりが肝腎《かんじん》。磨けば光る

始めと終わりが肝腎です。
日常的に酷使する
汚れやすい手鍋も、
弛《たゆ》まず磨けば神のごとく
光るものです。

原文

始《はじ》め終《お》わりの　つつまやか～手鍋《てなべ》を提《さ》ぐる　汚《きたな》きも　磨《みが》けば光《ひか》る　神《かみ》となる

カスガマロ神（アマノコヤネ）『はじめてのホツマツタヱ』天の巻13アヤ242頁の15

始めから終わりまで、つつましやかにいること。

控えめであり、なおかつ存在感のある振る舞いを心がけましょう。

出しゃばらず、そうかと言って流されず、思慮深く冷静にいて、常に身を糺《ただ》し、相手のために身を粉にしましょう。

そうすれば、捨て置けない存在となるのです。

機嫌取りや追従ではなく、相手の今を癒やし、相手の将来を慮《おもんばか》るのです。

着飾るよりも、磨くことに努めなさい。

手に馴染み、いつも使う手鍋は汚れやすいものです。

常に磨き上げてこそ、手放せない愛着深い逸品となるのです。

夫婦の関係も、磨かれた手鍋となるように、お互い努力を重ねることが大切です。相手に不満や期待を押しつけず、自分自身を磨くのです。

縄文の教え 20

金の亡者は子宝を失う

財宝を集めたはいいが、
結局、
子孫が断絶するような、
そういう生き方を
「スズクラ」というのです。

原文　財宝《たから》集《あつ》めて　末裔《すゑ》消《き》ゆる　それスズ暗《くら》ぞ

カスガマロ神（アマノコヤネ）『はじめてのホツマツタヱ』天の巻13アヤ２４３頁の7

財宝を集めても、集め方と使い方を誤ってしまっては、将来に禍根を残し、子孫は末細りとなります。

家系断絶もありえます。

貯めるだけの目的で財宝をかき集める生き方は、間違っており、それを「スズ暗《くら》」といいます。

「スズ暗」は、「スズ明《か》」の真逆のあり方です。

どのような宝よりも価値があり、幸せに結びつくのは子宝であるにもかかわらず、みすみすその子宝を失うような生き方をしていては、お先は真っ暗です。

縄文の教え 21

強欲を捨てなさい

我欲を捨てること、それこそ「スズカ」な生き方です。

原文 欲《ほ》しを離《はな》るる　これはスズ明《か》ぞ

カスガマロ神（アマノコヤネ）『はじめてのホツマツタヱ』天の巻13アヤ243頁の9

風の巻

生きる知恵

人の持つ我欲のことを「欲し（ホシ）」といいます。タマシヰ（魂魄）は、精神的なタマ（魂）と、物質的なシヰ（魄）とで成り立っていますが、シヰの熱量が過ぎると、我欲すなわち「欲し」が漏れ出てきます。「欲し」のダダ漏れを放置していると、タマは穢れてしまい、結果的に安らぎに満ちた「スズ明《か》」な人生から遠のいてしまいます。

「欲し」から離れる、すなわち「欲し」を去る、『吾唯知足』（吾《われ》唯《ただ》足《た》るを知る）を理想とする暮らしぶりが大切なのです。

縄文の教え 22

大成功は、不幸の引き金

他人の幸せも、
時として自分の迷いに
つながることもあり、
そのことによって
苦しむこともあるのです。

原文
人《ひと》の幸《さいは》ひ　わが迷《まよ》ひ　罷《まか》り苦《くる》しむ

カスガマロ神（アマノコヤネ）『はじめてのホツマツタヱ』天の巻13アヤ244頁の8

心が穢れていると、他者の幸せを喜び祝福することができません。逆に妬《ねた》む気持ちが生じて、結局わざわざ自分自身が苦しむ羽目におちいります。

不必要な劣等感を抱え込んだり、自信を喪失したり、いたずらに心身を痛めます。

このことは、自分自身が成功を収めた時も、注意すべき点です。

成功を自慢することは、未熟な者たちの「妬み」を生むきっかけとなる場合があります。その妬みの刃に、我が身を晒す危険をはらむのです。

はしゃぐことを避け、感謝し、報恩に努めましょう。

「他人《ひと》の不幸は蜜の味」などと逆に考えているのも、もちろん見当違い。

そんな根性では、他人の不幸の二の舞となりますから、要注意です。

縄文の教え

23

素直なら蘇り、強欲なら埋没する

陰陽が結ばれて命が生まれます。
あの世に還《かえ》る時に
心が素直であれば、
また甦るのですが、
我欲のままに死ぬと、
戻ってはこられませんよ。

原文

陰陽《めお》を結《むす》びて　人《ひと》こころ　世《よ》に還《かえ》る時《とき》　直《す》ぐなれば
またよく生《う》まれ　邪欲《よこほし》は　あえ還らぬぞ

トヨケ神『はじめてのホツマツタヱ』天の巻13アヤ247頁の4

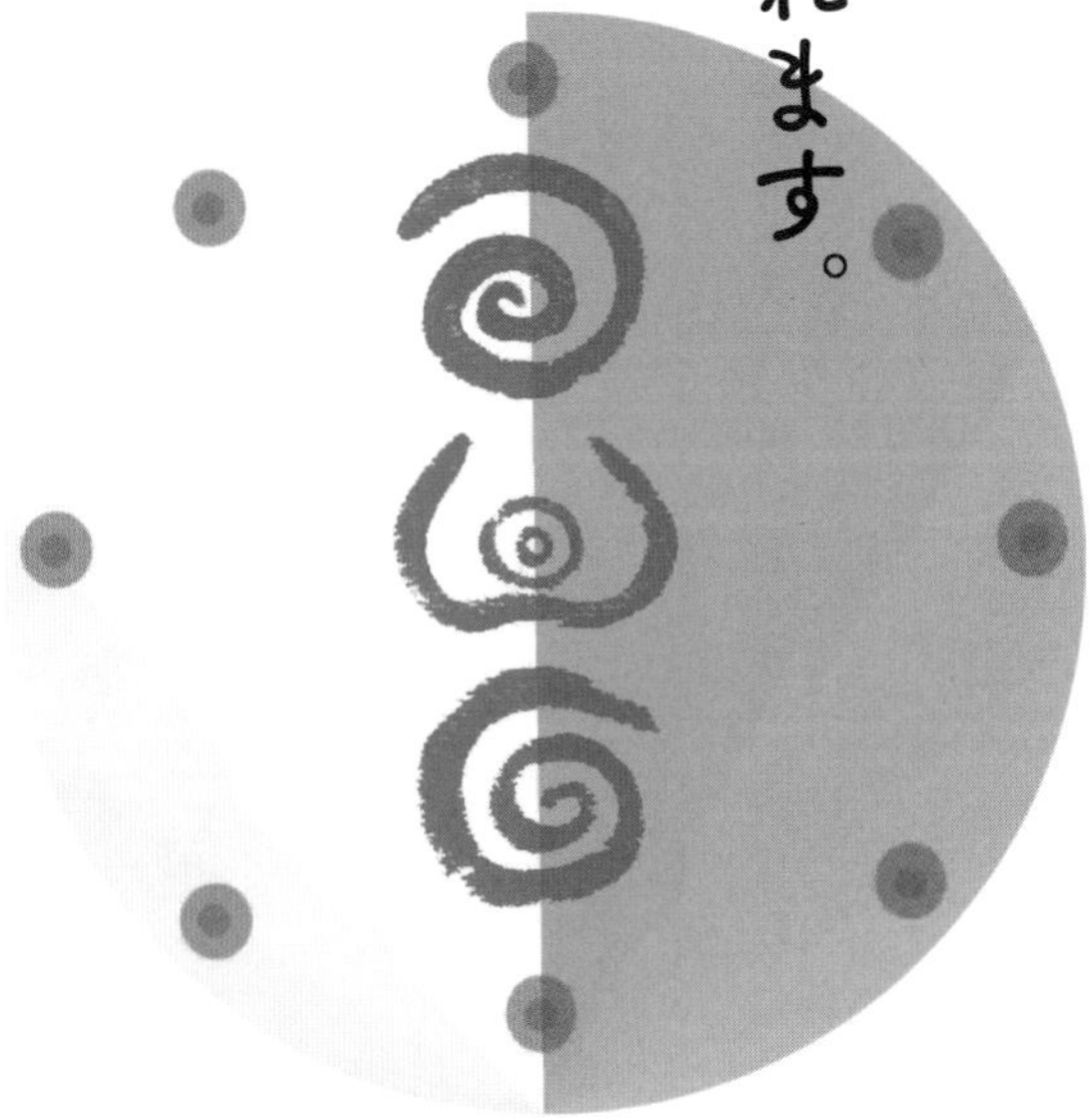

陰と陽が結ばれて命が生まれ、人は生まれてきます。生まれる前は天界に存在していたのですから、死ねばまた天界に還るのが、本来の巡りです。

現世で真正直に暮らして天寿を全うすれば天界に還り、いずれまた新たな命を得て生まれ変わりを果たします。しかし、邪欲《よこほし》にまみれた曲がった暮らしに溺れていては、寿命が尽きたとしても天界に戻ることができません。

ホツマの世界観には「天国と地獄」はないので、地獄に堕ちるのではないようです。しかし、地界にわだかまったまま、身動きできず、苦しみ続けると恐れられています。

地界は、清らかに暮らせば楽しい舞台であって、邪《よこしま》に暮らせば不自由な獄中となるのかもしれません。

天界と地界とを軽やかに往き来する明るい人生を歩み重ねたいですね。

縄文の教え 24

捨てず集めずワザを知れ

我欲を消し去るには、無駄に捨てず、かき集めもせず、活用を知ることが大切です。

原文　欲《ほ》し去《さ》るは　捨《す》てず集《あつ》めず　ワザを知《し》れ

カスガマロ神（アマノコヤネ）『はじめてのホツマツタヱ』天の巻13アヤ251頁の13

「欲し」

「欲し」という我欲を捨てる、すなわち「欲しを去る」極意は、財産や地位や名声を「捨てる」ことではありません。

もちろん、それらをむやみに追い求め、かき集めることでもありません。

財産や地位や名声は、努力と業績が認められた証であり、その正当な保持継承者と見なされた結果です。

そこで重要なのは、その活用です。ワザとは活用のことなのです。

活用とは、人財育成、人財活用、人財抜擢に他ならないと、ホツマツタヱでは教えます。

成功者こそ、成功者を育てた環境、指導者、支援した人たち、成功のカギとなった機会、そのすべてに恩返しをすべきでしょう。

恩返しとは、今度は自分が人を育てることです。

財宝を蔵に積み上げていても、ゴミ同然なのです。

縄文の教え 25

集めて貯まった財はゴミ

財宝を集めて、
蔵をいっぱいに
したところで、
そんなものは
塵《ちり》やゴミとかわりません。

原文　財《たから》集《あつ》めて　蔵《くら》に満《み》つ　チリや芥《あくた》の　ごとくなり

カスガマロ神（アマノコヤネ）『はじめてのホツマツタヱ』天の巻13アヤ252頁の1

財宝をかき集めて、ただ蔵に埋蔵させていては、ゴミとかわりがありません。身の垢と同じで、積もるほどケガレが増します。やがて「スズ明《か》」な心情からかけ離れていくことに気づくべきでしょう。

ミソギをしなければ、不幸を背負い、子孫すら末細りとなる「スズ暗《くら》」な生涯となってしまいます。

天の法度《はっと》に背いてかき集めた財宝は、いずれ消滅します。天の法度に従って功績をたて、自然と集まった財宝ですら、活用をおろそかにするとゴミとなり、ケガレの源となります。

では、どうすれば良いのか。正しい活用とは何か。

ケガレを生まない、正しい財宝の活用とは、人材育成です。

米百俵の教えのごとく、人材育成に財を投じることが、縄文時代からの日本人の知恵なのです。

縄文の教え 26

妬《ねた》みは我が身に毒となる

人を妬む心は、身に跳ね返り、日に三度も原因不明の焦燥感に駆られて、やつれていくものです。

原文

人《ひと》を妬《ねた》めば　日《ひ》に三度《みたび》　炎食《ほのほく》らひて　身《み》も痩《や》する

コモリ神　『はじめてのホツマツタヱ』天の巻16アヤ304頁の7

「人生においてもっともつまらないことは……」。

子だくさんの知恵者として知られるコモリ神は、こう戒めます。

「他人を妬むことだよ」。

他人を妬むことは、なんの得にもならないばかりか、我が身を傷つける、とコモリ神は警告します。

「誰かを妬むと、妬んだその人は、毎日三度も、原因不明の頭痛や動悸、倦怠感にさいなまれ、生気を失っていくことになるのです」。

他者と自分との比較に明け暮れることをせず「自分を生きる」ことが、なにより大切です。

他人事《ひとごと》は見流し、聞き流し、自分の幸せを再発見して、再開拓していきましょう。

縄文の教え
27

小賢しくせず大道を歩め

知識を得たからと
先回りや
利得をたくらむのではなく、
「トの教え」の導きに
歩んでいきなさい。

原文
モノ知るとても　うくめかで　トの導きに　入らざらんをや

アマテル大御神『はじめてのホツマツタヱ』地の巻17アヤ25頁の6

知識があることに自惚《うぬぼ》れると、悪知恵を働かしがちです。情報過多に溺れて、かえって迷いを増すこともよくあります。

「うごめく」とは、漢字では「蠢く」と書きます。雪が融けて春を迎えることは嬉しく楽しいですが、「虫」のように欲求ばかりを追い求めてはなりません。

「トの導き」とは、「トの教え」を尊重する生き方です。「トの教え」では、睦み合い、和らぎをもって自他をともに尊重する態度を重視します。自分の心をおろそかにしないで、また同時に相手の心を慈しみ、お互いを高め合う道を歩んでいきましょう。

知識や情報よりも、慈しみの心こそが大切です。人の器量とはその心の広さと深さ、あたたかさを計るべきものとアマテル大御神は教えます。

縄文の教え 28

花のように咲け

表は真面目で、裏ではサボる人が多い。
けれども、なかには
裏表のない人もいます。
そもそも木々や花実は咲くべき
時に咲き、実を結ぶだけの生き方です。
それこそ天が求めるものなのです。

原文
表《あらは》に努《つと》め　裏休《うらやす》む　なかに一人《ひとり》は　裏な
天《あめ》知《し》る木《き》々《ぎ》の　花《はな》も実《み》も　わが身《み》の道《みち》と　知《し》らざらめ

アマテル大御神『はじめてのホツマツタヱ』地の巻17アヤ25頁の11

表向きは真面目に努めていても、他人の見ていない裏では、こっそりサボってしまいがちですね。

でも、裏表のない誠実な方々も世の中に存在します。

はたからの評判など、気にもとめません。人目を気にせずやるべきことをしっかり働く人たちは、天の心を知る人々です。

大自然を見てみれば、花も実も、咲くべき時に咲き、実を結ぶだけで、他者の評価など気にもかけてはいないものです。

やるべきツトメに淡々と専念する、それこそが天道が求める生き方なのだと悟ることが大切です。

古来日本人は「分」というケジメを守ってきました。「分際」の「分」であり、昨今は流行らない言葉かもしれません。しかし、それは職業や地位・身分の分際ではなく、天から授かった役割という意味なのです。そこにもちろん貴賤の差などありません。花のようにそこで咲けば良いのです。

縄文の教え 29

清らかな心を枯らすのは驕《おご》り

心は、驕りになれると
我欲にまみれます。
食欲も色欲も魔性に
おかされ、欲に染まって、
その身を枯らすのです。

原文

心葉《こころば》は　驕《おご》りを聞《き》けば　欲《ほ》しに沁《し》む
味《あぢ》も色目《いろめ》も　邪《よこしま》に　魄《しい》にあやかり　身《み》を枯《か》らす

アマテル大御神　『はじめてのホツマツタヱ』地の巻17アヤ40頁の4

心の中の誠の「心」を、神道学では「ナオヒ（直霊）」といいます。陽明学では、「良《りょう》知《ち》」と名付けます。

真の心中、つまり「ナカゴ（中心）」というものは、清らかで不変です。

直霊も、良知も、磨かれた美しい珠のようなもの。

けれども、ナカゴを包む「ココロバ（心葉）」は微妙です。

慢心で華奢な暮らしをむさぼっていると、飽くなき欲望に心葉は染まってしまいます。心葉が欲望に染まると、分別や判断が邪悪となり、飽食して満足できず、乱淫して充たされません。

安逸に浮かれ、楽しみに耽っているようでいても、やがては身心を病み、命を縮めてしまいます。

驕りは、心を邪《よこしま》に染める因《もと》なのです。

縄文の教え 30

内なる真心なくしては
安らぎが消える

「ミヤビ」がなければ、
死んでしまいます。
死んでしまえば
色欲なんて、
何の意味もありません。

原文

ミヤビなければ　身《み》も枯《か》るる　枯れて色欲《いろほ》し　なんのためぞや

アマテル大御神　『はじめてのホツマツタヱ』地の巻17アヤ40頁の18

風の巻

生きる知恵

心の中の心を包み、真心を働かせる作用を司る「ココロバ（心葉）」は、心が天から授かった「ミヤビ（御八霊／美弥霊）」と呼ばれる慈しみの機能をもちます。

素直なままに美しさと優しさを発揮する機能ですが、心が曇ると「ミヤビ」が失われます。「ミヤビ」がなければ、外に向かう慈しみ、他者へのいたわりが消えてしまうのです。

しかも、それだけではなくて、内に向かう、つまり自分自身の本当の意味での充足、安らぎが失われます。

心を曇らせて、「ミヤビ」を失えば、安楽が消えるのです。

充足や安らぎもないまま、色欲や物欲におぼれていては、辿り着く岸辺もなく、流離《さすら》うままの流浪の日々となるのです。

縄文の教え
31

悪行はすべて病気に出る

人を騙すと肺臓を痛め、
色欲は腎臓を犯す。
盗みは肝臓を壊し、
誰かを傷つけると
心臓に大きな負担が
のしかかります。

原文

騙《だま》すは肺臓《ふくし》　色腎臓《いろむらと》　盗《ぬす》めば肝臓《きも》萎《ゑ》　損《そこ》なえば　驚《おどろ》く心臓《なかご》

コモリ神『はじめてのホツマツタヱ』地の巻17アヤ45頁の7

風の巻
生きる知恵

「悪行は、すべて我が身にはね返り、身心を傷つけ、病の因《もと》になるものです」
と医道博士のコモリ神は戒めます。

人を騙すと肺を傷つけ、乱欲は腎臓を壊し、窃盗は肝臓を弱らせます。
まして誰かを殺傷すると、我が身の心を脅迫し、心臓の病を引き起こすのです。
まるで五臓六腑の各箇所にセンサーが付いていて、人体の動きを監視しているようです。

本来、人という存在は現世においてそれぞれやるべき任務が割り当てられています。善なる道に歩むべく天界から現世へと降り立って来たのです。

その道を外れ、踏み外した行いを重ねていると過分なストレスがかかり、元々に持っている命の機能をすり減らすのかもしれません。

悪行こそ、イノチを縮める引き金となるのです。

縄文の教え 32

成熟は努力次第

努力すれば水辺の葦原も
稲穂が稔る水田となる。
庶民とともに、
成し遂げなさい、臣よ。
臣に成長しなさい、民よ。

原文

培《つちか》ふは　水《み》の葦原《あしはら》も　瑞穂《みつほ》なる　民《たみ》と為《な》せ臣《とみ》　臣と成《な》れ民

神の歌（トヨケ神か）『はじめてのホツマツタヱ』地の巻17アヤ46頁の4

開拓の努力を積み重ねれば、水辺の葦原は豊穣な水田となり、人々に豊かな恵みをもたらしてくれます。時間はかかっても、積み重ねた努力、協働して得られる成果は、無限の可能性を秘めているものです。

臣（行政官）は、民衆の中に入って民とともに汗をかき、民の喜びを自らの喜びとしなさい。民とともに歩むのです。

民は、常に学び、自ら律して成長して、やがて民衆を指導する臣となりなさい。民は、努力を重ねることで臣となりうるのです。

このように、縄文時代にすでに君・臣・民という階層の区別はできあがっていたのですが、それは上下関係の身分ではなく、ともに働くための分担であったように思えます。

また、その区別は固定的ではなく、向上しているか、あるいは逆に怠惰であるかで、移りかわるものであったようです。

縄文の教え 33

心に神も鬼も棲む

「神《かみ》」「祇《つみ》」「鬼《おに》」の三つの違いをよくよく知れば、人は「神」にもなれるのです。

原文 神《かん》祇《つみ》鬼《おに》を　三《み》つ知《し》れば　人《ひと》は神《かみ》なり

ニニキネ神『はじめてのホツマツタヱ』地の巻26アヤ214頁の5

恥の概念を心得違いして、山里に引き籠もっていたトヨタマ姫に、義理の父であるニニキネ神は、龍神（タツキミ）として大成する昇龍（タツ）の修行について教えを垂れます。

「尊い龍《たつ》のなかでも頂点に立つ龍神は、三界で修行が必要です。海で千年、山で千年の修行を積んだ昇龍にとって最後の修行地は、人里です。人里での修行がもっとも困難なのです。それは、人の心を悟ることです。人の心には、天界に通じる「神」も備わっていますし、天界を目指す「祇」すなわち菩薩（修道者）もいます。でも、同時に魔界に通じる「鬼」も棲まっていることを悟る必要があります。鬼を遠ざけ神に近づくために菩薩行を積むことが大切です。世にあって行を積むことで、人は生きながら神となるのですよ。世を捨ててはなりません」

世捨て人になることが、浄らかな道ではないのです。人里にあって、努力を重ねることにこそ、魂の成長につながる大切な道があると教えているのでしょう。

縄文の教え 34

明るく輝く存在となれ

天に太陽と月が照るから人々は生きていけるのです。闇では冷えるばかりです。地上の君主が暗愚だと、人々が死に絶えることになります。

原文

天《あ》に日《ひ》月《つき》照《て》る　人《ひと》草《ぐさ》も　闇《が》には冷《ひ》やすぞ　地《はに》君《きみ》も　闇に民《たみ》枯《か》るぞ

ニニキネ神『はじめてのホツマツタヱ』地の巻26アヤ216頁の2

二

ニキネ神は、遺言となる勅《みことのり》で最後の戒めを授けます。
「常に大君《きみ》は、明るく輝く存在でいなさい。天に日月が輝くから生きとし生けるものすべてが育まれるのであって、闇となれば死に絶えます。地においては、大君が明るく輝いてこそ、民は身を安んじるのです。大君が理想を失い、気力を萎えて暗く落ち込むようなことになれば、民も不安に病むことになってしまいます。天神天君の祖神たちの輝かしい御代を心に描いて、常に大御心を輝かせなさい」

偉大な稜威《いつ》大神ニニキネは、君主の務めは「君主自身が明るく輝いて生きる姿勢を示すこと」と遺訓を垂れました。これは、すべての指導者、母、父、教師に求められる目標でしょう。辛いことと苦しいことを乗りこえて、明るく輝いて生きたいものです。

縄文の教え 35

四十九日法要と祥月命日の祀り

「あわの数」すなわち四十八夜の喪夜をこえて喪明けとし、喪服を脱いで仕事に就きなさい。毎年の命日には、故人の依《よ》り代《しろ》となる柱を立てて、供養するのです。

原文
あわの数《かず》　経《へ》て喪《も》を脱《ぬ》ぎて　政事《まつり》きく
歳《とし》めぐる日《ひ》は　喪に一日《ひとひ》　その御柱《みはしら》に　祀《まつ》るべし

アマテル大御神『はじめてのホツマツタヱ』地の巻26アヤ２１７頁の12

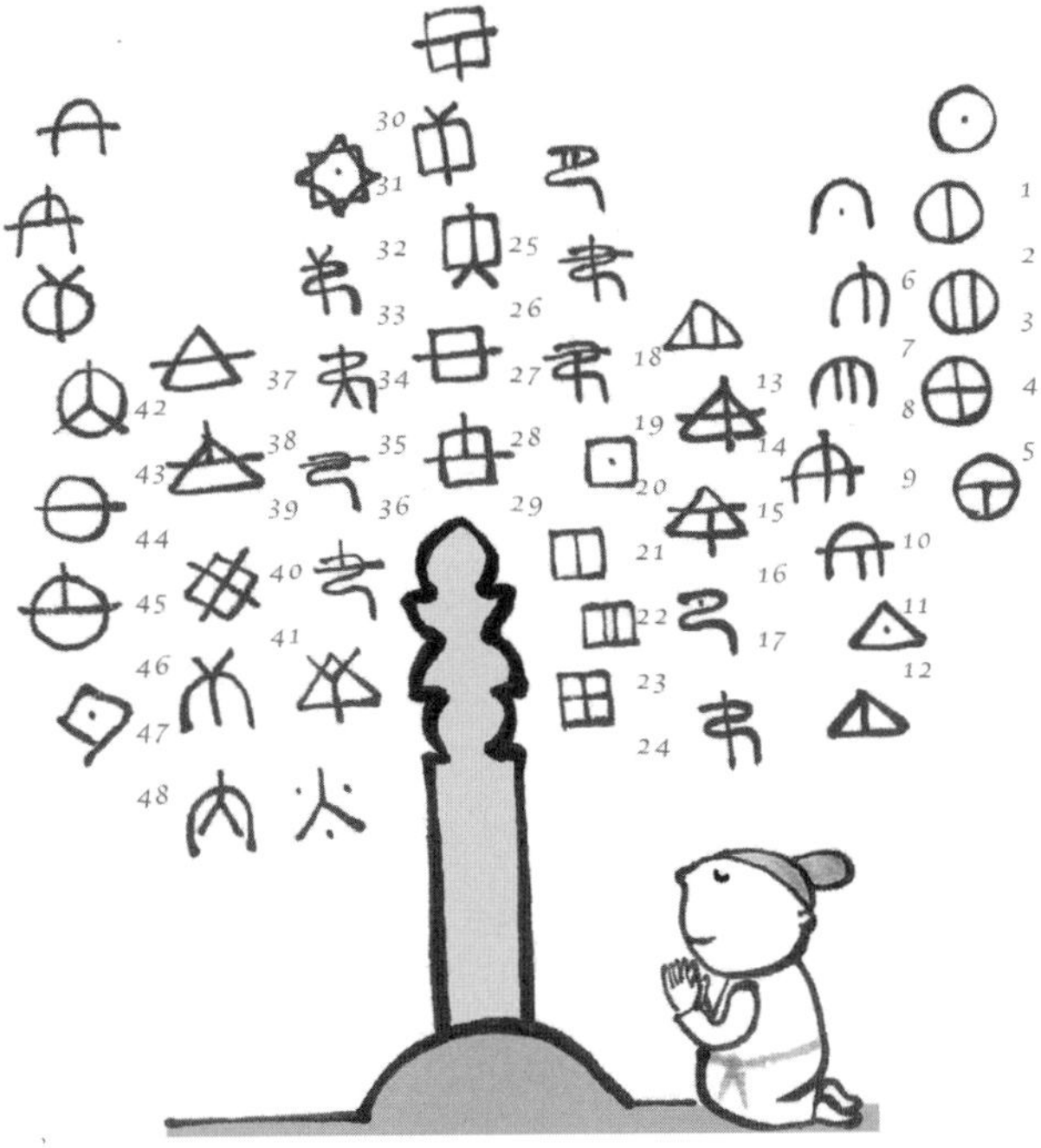

最愛の皇孫ニニキネ神の崩御について奉告を受けたアマテル大御神。悲しみの心を鎮め、ニニキネ神の跡を嗣ぐ皇子ウツキネ神に、神送りと神祀りの作法を授けます。

あわの数とは、大和言葉の全四十八音の数です。ゆえに、四十八夜の喪入りを務め、殯屋《もがりや》で亡骸に祈りを捧げなさい。四十八音は一音一音が、すべて大宇宙の柱となる神々なので、毎夜それぞれの神に祈るのです。その夜が明けた（四十九日）朝に、喪服を解き、朝政に復帰しなさい。気持ちを切り替えて、政事に努めるのです。そして、祥月命日（としめくり日）には、故人の身丈《みたけ》に合わせた御柱を依り代にして、故人を偲び、神祀りで供養しなさい。

縄文ホツマの時代から、四十九日がありました。御命日のお参りに立てる「卒《そ》塔婆《とば》」は、真実は「身丈柱《みたけばしら》」だったのです。仏教伝来以前から、我が国固有の習いとして大切にされてきた大昔からの風習なのです。

縄文の教え

36

穢《けが》れを断ち、潔く生きる

悪邪を遠ざけ、
ケガレは断つ、
清らかな太陽の元にある
神の心を知る人こそ、
人にして神なのです。

原文

忌《い》みと云《い》ひ　穢《けが》れと断《た》つる　日《ひ》の本《もと》の　神《かみ》の心《こころ》を　知《し》る人《ひと》ぞ神

ミホツ姫神『はじめてのホツマツタヱ』地の巻26アヤ219頁の6

常に身を潔白として、断然と穢れを断つ、潔い生き方が、我が国「ひのもと（日本）」の模範とする生き方です。賢臣クシヒコの妻として宮内（江戸時代でいう大奥）を仕切り、姫君たちを世話していたミホツ姫が教えます。

人の心には、「神と修道者（祇《つみ》）と鬼」が同棲していることを悟り、邪に傾く鬼を遠ざけ、光り輝く神に少しでも近づくように、修道者（祇）となって努力と精進を惜しまない。そんな生き方こそが、神が望まれる生き方です（仏教でいう菩薩行）。

その神の御心を悟って命を全うする人は、生きながら神となるのです。

人として生きながら神の心に通じる人を、縄文時代には「カミヒト」と尊称しました。その呼び方が、後の漢字表現で「上人」となります。奈良平安時代建立の古刹寺院では、開基の高僧を「上人さま」と呼びましたが、その元は、この「カミヒト」なのです。

縄文の教え

37

盛衰あっても忠実《まめ》をなせ

春は白膠木《ぬるで》の葉のように、
夏は青く、
紅葉は硬く、冬に散る。
たとえ落葉しても恨まず、
陰に忠義を尽くせば、
また木の芽が出るというものです。

原文

春《はる》はヌルテ葉《ば》　夏青《なつあお》く　紅葉《もみち》は強《つよ》く　冬《ふゆ》は落《お》つ
たとひ落ちても　な恨《うら》めそ　蔭《かげ》の忠実《まめ》なせ　木《こ》の芽《めで》出る

カスガマロ神（アマノコヤネ）『はじめてのホツマツタヱ』地の巻28アヤ275頁の4

風の巻
生きる知恵

アマテル大御神に信頼され、ニニキネ神の重臣として貢献したカスガマロ神も天命の尽きる日が近いことを悟り、嗣子ヲシクモに遺言します。

「白膠木の樹は、生命力があり、人民の生活にすこぶる役に立つ木だ。その葉は、春に芽吹いて夏には青々と輝くが、秋には紅葉して硬く縮まり、冬には役目を終えて散っていく。だが、散り落ちたとしても、クヨクヨするではない。重臣の役職でも、時には降格や左遷も経験するかもしれない。だが、たとえ表舞台にいなくても忠節を貫くことで、木の芽のように、また再起の扉が開かれるのだよ」

人生には浮き沈みが必然であり、不遇の時期も必ずあります。でもそんな時こそ、節を曲げず、努力と誠意を重ねることが大切です。

日本人が忍耐強い民族であると評されるのは、季節の移り変わりと、その恵みを知るからでしょう。秋風が吹き、冬に凍えても、必ず春は巡り来るものです。

COLUMN 2

ヲシテ文字とは

ホツマツタヱの原本などに書き残されている、日本古来の神代文字を『ヲシテ（押し手）』といいます。『ホツマツタヱ』『ミカサフミ』『フトマニ』の三つの古文献が、写本で残されています。

四十八音あり、その一音一音が、独自の力·働きをもつ神格をそなえていると縄文時代には考えられており、極めてロジカルに組み立てられています。つまり、表音文字であり、また表意文字であったようです。

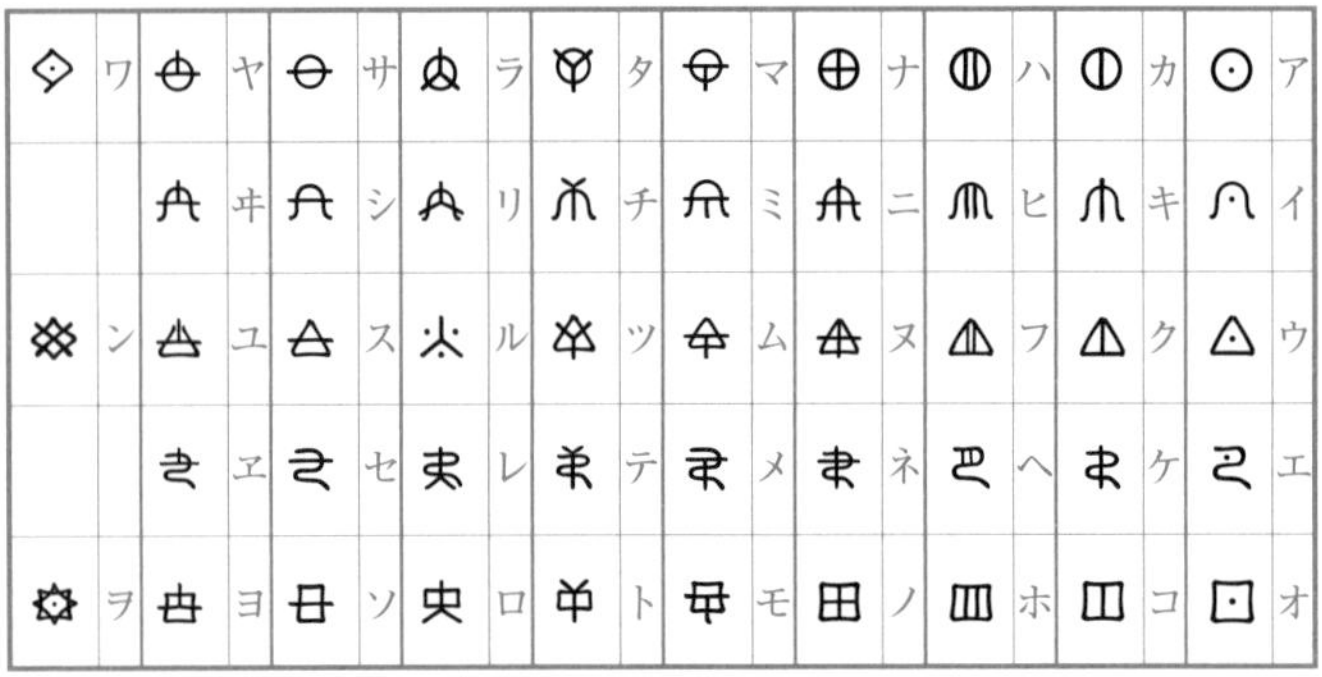

上表のように、母音アイウエオが、〇、∩、△、己、□の象で描かれており、〇「うつほ（空）」、∩「かぜ（風）」、△「ほ（火）」、己「みず（水）」、□「はに（土）」という五大元素で表現されています。

一方の父音「アカハナマタラサヤワ」は、中黒点「·」、縦棒「|」、縦二本棒「‖」、十字「十」、T字「T」、Y字「Y」、逆Y字「人」、横棒「一」、逆T字「⊥」、斜四角「◇」という十段階の局相で表現されています。その十段階とは、誕生、成長、陰陽、交合、受精、発芽、伸根、成熟、再生、平安、といった命の巡りを表しているとも捉えられています。まさに夫婦相和·万象具有·生命賛歌の文字なのです。

縄文の教え

火の巻

△

子育てと食育

縄文の教え 38

あわうた歌って健康長寿

アワの歌を楽器に合わせて歌うと、おのずから声が明らかとなり、五臓六腑と魂の緒を調える。男女分かれて二十四音ずつ四十八の声を合わせると、身心がすっかり巡りよく、無病息災となるのです。

原文

あわのうた　カダガキ打《う》ちて　弾《ひ》き歌《うた》ふ　おのずと声《こゑ》も　明《あき》らかに　五臓六腑緒《ゐくらむわたを》

音声《ねこえ》分《わ》け　二十四《ふそよ》に通《かよ》ひ　四十八声《よそやこえ》　これ身《み》のうちの　巡《めぐ》りよく　病《やまひ》あらねば　永らえり

カナサキ神『はじめてのホツマツタヱ』天の巻1アヤ21頁の3

火の巻

子育てと食育

幼いうちから「あわうた」を歌わせて、身心に正しく美しいリズムを身につけさせなさい。楽器に合わせて、朗らかに、男女が揃えば合唱して歌うと良いのだよ。

「あわうた」とは、日本語をつくる四十八の聖音を、五大元素「空風火水土」の原理に則って奏でる歌です。この歌を歌うことにより、自然と頭が冴え、心が安らぎ、カラダは健康を取り戻すことができる。

住吉神カナサキは、養女ワカ姫（丹生明神）に、乱れていた世相を「あわうた」により治め、明るい社会をおつくりになった姫の父母イサナギとイサナミの事蹟を伝えつつ、歌の心を教えました。

この「あわうた」は、現代によみがえり、全国各地に「あわうたの仲間」が拡がっています。カナサキ神が教えたように、歌うだけで自然と健康体になることができると、不思議と共感を呼んでいます。野原で歌ったり、神社で奉納合唱したり、家庭で子供たちと歌ったり、とスタイルは色々です。縄文のウタが、今に甦るとは何と素晴らしいことでしょう。

縄文の教え 39

お宮参りは和歌の数

「シキシマ」と美称される
この国に生まれ、
男児は三十一日目に、
女児は三十二日目に
お宮参りをし、
歌のリズムを身体に刻んで
神々に感謝を捧げるのです。
これこそ、「シキシマの和歌の道」なのです。

原文

シキシマの上《ゑ》に　人《ひと》生《う》まれ　三十《みそ》一日《ひか》に返《か》す　女《め》は三十二《みそふ》　歌《うた》の数《かず》もて
地神《わ》に謝《こた》ふ　これシキシマの　和歌《わか》の道《みち》かな

ワカ姫神（ヒルコ）『はじめてのホツマツタヱ』天の巻1アヤ33頁の5

五七五七七・・・
31は太陽のリズム
32は月のリズムで魔除け

五七五七七の和歌のリズムは、宇宙のリズムなので、命の巡りは総てそのリズムに合わせて刻まれていきます。

「お宮参り」は、生まれた子供たちが、人としてのリズムをつかむ大切な儀式でした。

男児は三十一日目に神さまにご挨拶する「お初参り」を行い、女児は一日遅れの三十二日目に、産土神《うぶすながみ》にお参りします。はじめに正確なリズムで歩むことにより、順当な人生を送ることができるのです。

命のリズムは、月の満ち欠けと日の巡りとに寄り添って刻まれます。

和歌で心身が若返るのは、和歌のリズムが日や月の巡りに添い、天界の神々につながり、命のリズムを調えるからなのです。

「シキシマ」とは、敷（シキ）浪寄せる大八洲（シマ）のことです。永遠に途絶えることのない波のように常に新しい命のリズムが寄せ来る、イノチ輝く列島である我が国の美称が、シキシマなのです。

縄文の教え 40

嫉妬は子ダネを噛み殺す

人心を惑わす
我欲というものは、
たとえ身は傷つかなくとも
「魂の緒」に刻まれ、
終わらぬ悪夢を
ひきおこすのです。

原文

人《ひと》を惑《まど》わす　わが欲《ほ》しも　人は打《う》たねど　魂《たま》の緒《お》に　覚《おぼ》ゑ責《せ》められ　長《なが》き悪夢《ゆめ》

カスガマロ神（アマノコヤネ）『はじめてのホツマツタヱ』天の巻13アヤ248頁の15

心が清浄であれば惑わされませんが、心が穢れていると嫉妬心が漏れ出してきて、さらに自分の心を惑わせます。

誰かに攻撃されるわけでもないのに、自分で自分の心を傷つけます。

心の根であるタマノヲが、妬《ねた》み嫉《そね》みのケガレを記憶して、純真であるべきタマを安らげてくれません。

悪夢にうなされ、たとえ肉体が亡び死んでもタマを解かないので、地縛され天界へと還ることができません。根が絡むのです。

嫉妬心に囚われると、健全なタマを得ることができず、子種を傷つけてしまいます。

人を嫉妬する心が、自分に跳ね返り、子宝から人を遠ざけてしまうのです。

縄文の教え 41

先祖祀りを欠かすと災難

天界への祭りは、先祖祀りによってなされるのです。先祖を祀る宮に神楽を奉納すれば、（迷える）「魂の緒」も解けて子孫に恵まれるでしょう。

原文

天《あめ》の祀《まつ》りを　たておけよ　姓宮《かばねのみや》に　神楽《かんくら》を　奏《もふ》せば緒《お》解《と》け　人《ひと》成《な》るぞ

カスガマロ神（アマノコヤネ）『はじめてのホツマツタヱ』天の巻13アヤ249頁の1

天地人を通わせる祭祀に精通していたカスガマロ神は、先祖祀りの大切さを教えます。

一族を繁栄させるには、一族の先祖である神々を祭ることが何より重要です。故人の四十九日のお祀りを親族で執り行い、ご命日には寄り添って故人の身丈柱《みたけばしら》（今の卒塔婆《そとば》がその変形）を依り代にして祈りを捧げることが大切です。ですが、それだけではまだ十分ではありません。

春分の日と秋分の日には、一族の長が祀る宮に集まって、神楽をあげて、天に祈ると良い。一族の祈りが天に届けば、神恩に漏れていた親族がもしも身内にたとえいたとしてもきっと救われるでしょう。

縄文時代に万民の風習とされていた先祖祀りは、その後、仏教によって継承されました。先祖への供養と敬いだけではなく、子孫の繁栄を願う大切な行事でした。永代供養とは、宗教施設や僧侶に任せてすむものではありません。作法はともあれ、血筋の者が真心で受けつぐものであると現代人は気づく必要があるのではないでしょうか。

縄文の教え 42

子孫繁栄こそ夫婦の幸せ

しかしながら「ユキスキ」は
常にあるものではありません。
子孫をおもんばかって、
夫婦仲睦まじく、
各々の役割を果たして
努めるのが「イセノミチ」です。
つまり何よりも大切なのは、
妻夫《めおと》の道なのです。

原文

なれどユキスキ　たまゆらぞ　末裔《すゑ》を思《おも》ひて
睦《むつ》まじく　役目《わざ》を努《つと》むる　イセノミチかな

カスガマロ神（アマノコヤネ）『はじめてのホツマツタヱ』天の巻13アヤ253頁の9

「ユキスキ」つまり新嘗祭では、天地を結ぶ柱が現れ、天界に想いを届けることができるといわれています。けれども、君ならぬ身において新嘗祭に祈願を込めることが許される機会などありません。君や臣であっても、そもそも祈りが通じる巡り（チャンス）などというものは、偶然の積み重ねであり、確実なものではないのです。

人の心さえ自分の思い通りには変えられないのです。たとえ天に願いを届けたとしても、天が思い通りに願いを叶えてくれると期待するのは、お門違いというものでしょう。

我が子孫、末裔の栄えをひたすら念じて、やるべきことは夫婦、家族、親族仲よく睦み、各々自分の役目を明るく楽しく努めることだけです。

その根本が、妻夫《めおと》ともに慈しみあって安らかな家庭を作ることであり、それが「イセノミチ」です。

「神頼みするより夫婦仲よく」なのですね。

縄文の教え 43

授くは恵む

子供を授かるという道は、「恵みを返す」道です。

原文 子《こ》を授《さづ》く　道《みち》は恵《めぐ》みを　返《かえ》すなり

カスガマロ神（アマノコヤネ）『はじめてのホツマツタヱ』天の巻14アヤ264頁の12

「子宝を授かりたい」。

それは愛し合う夫婦の切実な願いです。

カスガマロ神は、受胎（縄文の言葉で「たまむすび」）と昇天（縄文の言葉で「たまほどき」）という命の最重要ポイントの極意を極めていた神です。受胎は誕生に先立つ出逢いであり、昇天は死後のけじめをつける別れです。

このカスガマロ神の言葉「恵みを返す」には二つの意味があります。

第一に、「子宝を授かる道」は、天恩や親恩に応える暮らしをしているゆえの天からの恵みであるということ。

そして第二に、「子供を育てる道」、その長い日々は、天恩や親恩に恵みをお返しする営みであるということです。

神の恩、親の恩に感謝する生活に子宝を授かり、子供を育てることで、神の恩、親の恩に応えるのです。

縄文の教え 44

肉食は身の穢れ

獣肉を食べれば
血が汚れます。
なかでも四足動物の獣肉は
穢れ脂が強いので、
食べると血管が縮み、
寿命を縮めることになります。

原文
獣《け》の肉喰《ししは》めば　血汚《しむけが》れ　四足動物《よつ》なる肉《しし》は　穢《が》火《ほ》過《す》ぎて　縮《ちぢ》み汚《けが》れて　身《み》も枯《か》るる

アマテル大御神『はじめてのホツマツタヱ』天の巻15アヤ273頁の5

アマテル大御神は、四つ足獣の肉食を戒めました。
四つ足獣の肉は、「ホ」すなわち火性が強く、しかも清らかな火性ではなく、穢れた火性に満ちていると判断されていました。血が汚れて、寿命を縮める、と警告します。

清菜《きよな》を食べれば血も清くなる、と教えていますから、肉食による悪性コレステロールの蓄積に注意を喚起したのでしょう。

清菜とは、大根とか、芹《せり》とか、蓬《よもぎ》とか素朴な野菜のことです。お正月に食べる七草粥の野菜などは、すべて清菜ですね。

縄文の教え

45

米食菜食、そして魚食がよし

全国民よ、よく聞きなさい。常食するのは稲と野菜が良いのです。魚食はその次なのだと心得なさい。

原文

諸民《もろたみ》も　よく聞《き》け常《つね》の　食物《くいもの》は　稲菜《ぞろ》は幸《さいわ》ひ　鱗魚《うろこいお》　次《つぎ》なり

アマテル大御神　『はじめてのホツマツタヱ』天の巻15アヤ281頁の3

火の巻

子育てと食育

アマテル大御神は、万民に教え告げました。

「よく聞きなさい。いつも食べるものは、稲などの穀類豆類と、薬物と根菜などの野菜がなにより最善です。鱗のある魚類は、その次に良いでしょう」

縄文時代の食物は、木の実採集と狩猟動物、そして貝塚のような魚貝類だけだったと勘違いされていますが、縄文ホツマの時代には、穀類と豆類の栽培摂食がおおいに奨励されていたようです。

健康に良いことはもちろん、人々の協力により増産も可能だったからでしょう。暦を読み解くために重臣を配置したように、季節を重視した政事の進め方にも、農耕を科学的に極めていく姿勢が感じられます。

二十一世紀の豊かな現代においても、「土いじり」に癒やしを感じる日本人が多いのは、縄文の心を私たちがまだ失っていないゆえなのでしょう。

縄文の教え 46

肉食は避けて米を食え

鳥も獣も、太陽と月の
聖霊を受けてはいません。
稲と野菜は、太陽と月の
聖霊を宿しているので、
食に良いのです。

原文
鳥《とり》も獣《けもの》も　月日《つきひ》なし　稲菜《ぞろ》は　月日の　霊精《うるなみ》ぞ

アマテル大御神『はじめてのホツマツタヱ』天の巻15アヤ283頁の1

火の巻

子育てと食育

人は、日と月のエネルギーを受胎して生まれる唯一の動物であり、鳥や獣は、日月の恵みを得ては生まれていません。なので、その肉を食べても、日月のエネルギーを取り入れることはできず、かえって貴重なエネルギーを奪われる（濁される）ことすらあります。

ところが、稲菜（ゾロ）、つまり穀物や野菜は、日月の恵みをその実や葉に得て成長しています。

アマテル大御神は「光合成」の神秘を知っていたのかもしれません。

菜食や米食をアマテル大御神が指導したのは、菜食や米食が人間の寿命を永らえ、その霊性を高める助けになることをご存じだったからでしょう。

縄文の教え 47

天寿を全うすれば菊花の香り

菊花は、枯れてもなお香《かぐわ》しい。
人も同じで、清らかな
食生活で天寿を全うすれば、
死して後も菊花の香りを
放つものです。

原文

これ菊花《ここなし》の　時満《ときま》ちて　枯《か》るる匂《にお》ひも　人《ひと》の身《み》も
浄糧《すがかて》喰《は》みて　天寿《よろほゑ》得て　枯るる匂ひも　菊花《ここなし》ぞ

アマテル大御神　『はじめてのホツマツタヱ』天の巻15アヤ286頁の7

菊の花は、枯れてもなお清らかな心地よい香りがします。同じように人間も、清らかな食物をとって暮らし、肉食や飽食を避けて天寿を全うすれば、寿命が尽きた時も菊の香りのごとき、美しく清らかな香りにつつまれるものです。

今も、葬儀に菊花を捧げるのは、そのなごりなのでしょう。

菊のことを、縄文語で「ココ」と呼びました。最大数「九（こ）」が重なるので、たいへんめでたい至高の花とされていたようです。旧暦九月九日には、菊の祝いと称して祝宴をひらいて収穫に感謝していたとホツマツタヱに記述があります。これが、現在に伝わる重陽《ちょうよう》節句の起源であり、我が国古来の伝統行事だったのですね。

ホツマ縄文時代には、菊の花を愛でる、菊の香りを楽しむ、それだけでなく菊の花を味わうということもしていました。さらに、菊の意匠は「ココチリ」紋として尊重されたと伝えます。ご皇室の十六菊花弁紋章は、太陽も象徴しますが、聖なる花である「菊」そのものでもあるのです。

縄文の教え 48

他人を憧れる生活はキケン

「貧しいもの」とは、
豊かな他者を羨《うらや》み、恨《うら》んで、
結局その恨みによって
自らの子種をも
傷つける者たちのことです。

原文
貧《まづ》しきは　及《およ》ばぬ富《とみ》を　羨《うらや》みて　恨《うら》みの仇《あだ》に　タネ滅《ほろ》ぶ

コモリ神『はじめてのホツマツタヱ』天の巻16アヤ304頁の5

貧しさの悲しいところは、ひもじく不如意なことではありません。貧しさに心がねじけることが、深刻な意味の「貧しさ」なのです。

物質的に豊かな暮らしをする他者を羨ましく思い、ないものねだりで妬むような心が、穢れた貧しさです。

穢れた貧しさは、残念ながらもっぱら自分自身の精神を傷つけます。

自分自身の精神を傷つけて、しまいには自分自身の子宝のタネをも汚染します。自らのねじけた心で、財の宝どころか子宝まで失うのです。

それに対して、「貧乏人の子だくさん」は、実は心が貧しくはありません。そんな家庭の子供たちは、なぜか笑顔が素敵なのは、心がねじけていないからなのでしょう。

江戸時代に日本を訪ねた外国人たちは、一様に、日本の清潔さ、優しさ、そして子供たちの笑顔に感銘を受けて文章に残しています。子供たちの笑顔があふれる国を甦らせましょう。

縄文の教え 49

育児は生まれる前から父母ふたりで

両親が子を宿すにあたり
両親ともに
「チ」を垂らします。
「チ」とは、
「血」「乳」「霊」「智」すべてです。
ゆえに父母をともに
「タラチネ」と呼ぶのです。

原文

親《おや》が子《こ》を　胎《はら》めば乳《ち》たる　父母《ちちはは》は　げに垂乳《たらち》根《ね》よ

アマテル大御神『はじめてのホツマツタヱ』地の巻17アヤ23頁の5

タラチネとは「チ」を垂らす育て親をいいます。「チ」とは、「乳」であり、「血」であり、「霊」でもあり、また「智」でもあります。

親は子に、「血」をそそぎ、「霊」を通わせ、「乳」で育み、「智」を伝えて育て上げていきます。現代語では「垂乳根」と書いて母だけを指すタラチネですが、縄文語のタラチネは、母だけではなく父も指します。

子育ては父母の、協働事業でした。

受胎した（結ばれた）父母（タラ）は、その時から嬰児にとってタラチネとなるのです。

アマテル大御神は、「胎教」の重要性をよくご存知でいらっしゃったのですね。嬰児を育む母親はもちろんのこと、縄文の父親も心血を注ぎ、母に栄養と安らぎを与え、また、母の胎内の子に語りかけ、優しく撫でて、慈しみで包みいだいたのでしょう。

縄文の教え

50

厳格すぎると子供をダメにする

荒地の松は
ねじけて曲がりくねります。
幼い子供も、
親の一方的な思い込みで
厳しくしすぎると、
その子は曲がりくねって
しまいます。

原文
荒岳《あらだけ》の　松《まつ》はねじけて　わだかまる
人《ひと》の若葉《わかば》も　わがままに　道《みち》にもとりて　わだかまる

アマテル大御神『はじめてのホツマツタヱ』地の巻17アヤ28頁の14

火の巻

子育てと食育

磯の岩場などに育つ松の木は、真すぐに伸びるということがありません。くねり曲がって伸び伸びとは成長できないのです。厳しい環境は、強く育てる一面があるとともに、個性や寛容性をすり減らす恐れがあります。

子供たちも、親や指導者の強引な矯正がすぎると、かえって自律的な成長が歪められ、心がねじ曲がることになりかねません。気をつけましょう。

「わだかまる」は、現代でも心が晴れず、不満が残る様子に使う言葉ですが、もとの意味は、「曲がりくねる、とぐろを巻く」状態を指します。

松は古代から建材としても活用された聖材でしたから、曲がって育つ姿を残念に思われたのでしょう。

大切な子供たちを「わだかま」らせてはいませんか。

縄文の教え
51

指導者教育は懇《ねんご》ろに

子に接する親心は、
細々《こまごま》と篤《あつ》くなければならぬ
というのが「トの教え」です。
子供の頃に受けた教えが、
将来指導者の核となる
根を育てるのです。

原文
親心《おやごころ》　細々《こまこま》あつき　トの教《おし》ゑ　子《こ》は長《おさ》の根《ね》ぞ

アマテル大御神『はじめてのホツマツタヱ』地の巻17アヤ29頁の4

親というものは子供を見守るうえで細々と気を配らなければなりません。子供の心を気遣い、慈しんで、優しく包むことを、言葉と行動で表現しなくてはならないのです。それが、トの教えの第一歩。相手の心を慈しみ、すぐさま表現と行動で示すことが、トの教えです。

頼りなく不完全で未熟に見えても、子供は幼少の頃から「長（オサ）」、つまり指導者となる核心を身心の中に育んでいます。しかるべき時が来たら指導しようと考えるのでは遅いのです。

その成長段階に合わせて常に、子供の育む核心（ホンネ）に気を配ることが大切なのでしょう。ホンネとは、本物の根っこであり、嘘偽りのない本音のことです。

縄文の教え

52

厳しいばかりでは道を誤る

険峻な山のような厳しさを子に求めると、「利きすぎネジケ」となって、後にハタレを育ててしまいます。

原文

荒岳心《あらだけこころ》　子《こ》に求《もと》め　利《き》きすぎねぢけ　邪《よこしま》の　ハタレとなるぞ

アマテル大御神『はじめてのホツマツタヱ』地の巻17アヤ29頁の11

大成した大人は、自分自身が様々な壁を乗りこえてきたと自覚していますので、「厳しい環境」に肯定的です。

けれども、厳しさを乗りこえることを子にもっぱら求めるとうまくいきません。厳しさに打ち克つ日々の中で、子は利口になり、抜け目なく、やがては、失敗を隠し、心が歪んだ性格を助長することすらあります。

才気だけが先走ると、欲を肥大させ、いつしか悪党（ハタレ）への道へと迷い込みがちなのです。

「ききすぎネジケ」とは、覚えておきたい言葉です。親の厳しさが「効きすぎ」て、本人が自信をなくす。あるいは逆に、叱責を避ける小賢しさが「利きすぎ」て、ずる賢くなる、と落とし穴がありそうですね。

縄文の教え
53

甘やかしすぎでねじけると厄介

「誉めすぎネジケ」も要注意です。
邪心が健全な成長を曲げて
友を失い、
孤独の闇に涙する人生を
送るもとになりかねません。

原文
誉《ほ》めすぎねぢけ　邪《よこしま》が　経《たて》をもぢけて　常闇《とこやみ》の　涙和《なんだやわ》して　やや鎮《しづ》む

アマテル大御神『はじめてのホツマツタヱ』地の巻17アヤ30頁の6

厳しすぎる環境は子に悪影響ですが、「誉めすぎ」も子によい影響を及ぼしはしません。

「誉めすぎ」は、努力の継続を鈍化させ、他方で自惚《うぬぼ》れと欲望の肥大化をもたらしがちです。

人は、他者を「誉める」ことで他者を「認める」、つまり肯定し、受け入れて和することができます。

「○○君すごいんだよ、かっこいいんだよ」と、よその子を誉める子は、他者を認めることができる子となり、友達にも恵まれます。

ところが、自分が「誉められる」ばかりだと、ともすれば天狗になってしまいます。他者を肯定し、受け入れて睦む機会を、結果的には見失うことにもなりかねません。

「誉められすぎ」た子は、他者を侮蔑し、心許せる仲間をつくることが苦手になります。いつしか自分の殻に閉じこもるのです。哀しいかな孤独の闇の中に涙を流す生涯となっては、手遅れなのです。

縄文の教え 56

スパルタ式で要領よく育てると悪党になる

小利口で失敗のない子を誉めて喜んでいると、悪知恵の働く「ハタレ」となってしまいます。誤ってはいけません。親は慎んでください。

原文

鞭《むち》を逃《の》がるる　早《はや》利《ぎ》きを　褒《ほ》め喜《よろこ》べば　過《す》ぎねぢけ　ハタレとなるぞ
誤《あやま》るな　親《おや》慎《つつし》めよ

アマテル大御神　『はじめてのホツマツタヱ』地の巻17アヤ32頁の6

子は親に叱られて自分の誤りに気づき、軌道修正して成長していきます。

けれども、厳しすぎたり、逆にヒントを出しすぎたりすると、叱責を回避して、親に気に入られる先回りをする子が育ちます。

小利口な「早利き」を、安易に誉めて、「さすがは我が子だ」とばかりに喜んでいると、調子に乗って悪知恵を働かせる、心のねじけを引き起こします。

じっくり考えさせ、試行錯誤の楽しみを本人が味わうことこそ大切なのです。

子がみずから発見する道のりが、健全な成長を促します。

出しゃばりすぎを親は慎みましょう。

縄文の教え 55

焦るな、ゆっくり諭《さと》せ

篤い恵みとは、
ゆっくり時間をかけて
熟成するものです。
決して手を抜いたり
焦ったりしてはいけません。

原文
篤《あつ》き恵《めぐ》みの　ゆる法《のり》を　必《かなら》ず倦《う》むな　逸《はや》るなよ

アマテル大御神『はじめてのホツマツタヱ』地の巻17アヤ33頁の10

火の巻

子育てと食育

子育てという長い道のりの中で人材育成して、天の理法を感得させること
ほど、世の中に大切なことはありません。

焦ってはいけないし、ああ面倒だと、だらけて手を抜いてはいけません。
篤い恵みの伝授というものは、性急ではダメです。ゆっくり根気よく熟成させ
るように教えて伝えていかなければならないのです。

相手の成長をむやみに急く心は、親の心にいらだちを生み、結果としてそれは
子供の心を傷つけ曲げてしまうからです。

「ゆるのり、ゆるのり」と肝に銘じましょう。

縄文の教え 56

秘密の呪文

幼子が夜泣きに苦しむ際には、「オノコオノコ」と呪文を唱えて手のひらを撫でると良いでしょう。

雷が鳴り止まない時は、「ホオコホサワゾ　ヒナオリ」と呪文を唱えて祈れば良いでしょう。

原文

童《わらんべ》寝《いね》て　襲《おそわ》れば　「オノコオノコ」と　掌《たなこ》撫《な》で
霹靂《はたたかみなり》　止《や》まざれば　「ホオコホサワゾ　ヒナオリ」と　祈《いの》り止《とど》むる

アマテル大御神『はじめてのホツマツタヱ』地の巻18アヤ60頁の4

火の巻
子育てと食育

幼児は、まだ神界と視えない回路でつながっています。自由に行き来ができるのです。それゆえに、寝ている時に夢に襲われ、人間界への帰り道を見失って苦しみ泣くことがあります（つまり夜泣き）。

そんな時は、「オノコオノコ」と呪文を唱えて、手のひらを撫でてあげなさい。泣いていた幼児も「夢の中の夢」から覚めて、安心するはずです。

雷鳴がとどろき、落雷の危険におびえる時には、「ホオコホサワゾ　ヒナオリ」と呪文を唱えて祈れば、雷神も過ぎゆくでしょう。

縄文時代の呪文は、すべて不思議な「ひびき」があって、心に沁みます。ちなみに、「えんがちょ」という呪文の言葉は、ホツマツタヱには出てきません（笑）。

縄文の教え 57

飽食は自滅する

飢えを知らずに
飽食に楽しんでいると、
あげくは偏食となり、
その後に不作が続き、
深刻な飢餓に落ちるのです。

原文
飢《う》ゑ知《し》らで　驕《おご》る楽《たの》しの　満《み》つる時《とき》　飢ゑ年《とし》ごろは　実《みの》らずて　まことに飢ゑる

アマテル大御神『はじめてのホツマツタヱ』地の巻23アヤ１３６頁の10

飽食を戒め、蓄えを充分にするように努めましょう。美食に耽《ふけ》りむさぼっていては、不作の年には、食糧不足が深刻化して飢餓に苦しむ羽目におちいります。

「腹八分目」とは、大昔からの知恵です。飽食を慎むことが、自らの健康のためにも有効ですし、控えた分を蓄えに回せば、困った時に助かります。

深刻な飢餓は、徐々にやってくるのではなく、豊年豊作が常態と続く直後に襲ってきます。バラ色の日々の夜明けに嵐は突然来るのです。

「飢え知らず」は、実は「まことの飢え」の始まりなのですよ。

縄文の教え 58

中絶（まびき）はダメ

たとえ我が子であっても、
人はすべて天界からの
「天の子種」です。
鹿や犬など獣千匹より、
人ひとりの命は
貴重なのです。

原文
わが子《こ》も人《ひと》は　天《あめ》のタネ　鹿《しか》犬《いぬ》千《ち》より　人ひとり

孝霊天皇『はじめてのホツマツタヱ』人の巻32アヤ85頁の23

火の巻
子育てと食育

人皇七代目の孝霊《こうれい》天皇は、ニニキネ神以来、初めて富士山への行幸《みゆき》をとりおこなった皇君です。この地で祭られるコノハナサクヤ姫の三つ児伝承を思い起こして、御言宣《みことのり》されました。

すべての人の命には、天界に坐す天御祖神《あめみをやかみ》の聖霊（分け御魂）が宿っています。我が子といえども、間引きなどは、ならぬぞと。

昔の年齢は、「数え」で計算していました。生まれた時から、すでに一歳。次のお正月が来ると、二歳となります。これは、ゼロ歳（児）を意識していなかったのではありません。受胎した時にはすでに命が誕生しているので、母胎から生まれ出る頃には、もう一年経っている、つまり一歳、と考えていたのでしょう。

COLUMN

3

天地人と「道」、そして「柱」

ホツマツタヱの物語は、四十章（アヤ）で編集されていますが、三巻構成で、それぞれ「天の巻」「地の巻」「人の巻」と名付けられています。

「天地（あわ／あめつち）」は、ホツマツタヱの世界観の重要な原理で、「陽と陰」「光と影」「あの世とこの世」「大宇宙と地球」「太陽と月」などの対比を意味しています。けれども、両極であって同時に融合であるような、太極図のごとき世界観が語られています。

「人」こそ、「天」と「地」を結ぶ存在です。「天」の理想を「地」の現実に描くために遣わされた存在ともいえます。「天」はアメミヲヤ（天御祖）神そのものであり、「人」はその胎内に生きて、活力を起こし、魂を磨くという定めを背負って（だからこそ）楽しく生きる存在である、と神々は教えます。

その教えに従って生きるあり方を、古来、日本人は「道」と名付けました。「武士道」「柔道」「茶道」「華道」そして「歌道」……。日本人が極めるワザの究極は、すべて「天地和合」をめざす「道」となるのです。

天地を結ぶために立てられるのが「柱」です。神輿渡御や禅や滝行では、身体が柱となります。茶道で湯を真っ直ぐ注ぐのも、華道で垂直に花を立てるのも、「柱立て」です。採灯護摩で煙の渦を立てるのも、背筋を伸ばして詠歌するのもおなじです。「柱を立てて」アメツチを結び、そして開く、ためなのです。

縄文遺跡の「柱状構築物」も「天地人」を結ぶ「柱」だったのですね。

縄文の教え

水の巻

2

リーダーシップ

縄文の教え
59
父母の慈愛で民を恵む

天の下を恵みつつ巡る
太陽と月があってこそ、
民も安んじて明るく生きられます。
そんな太陽と月のような
存在になってこそ、
君主は民の両親となり、
育むことができるのです。

原文
天《あめ》が下《した》　和《やわ》して巡《めぐ》る　日月《ひつき》こそ　晴《は》れて明《あか》るき　民《たみ》の両親《たら》なり

アマテル大御神『はじめてのホツマツタヱ』天の巻7アヤ126頁の5

水の巻
リーダーシップ

自分の実力や手柄だけを誇示して、まわりより優位に立とうと躍起になる末弟のソサノヲ神。焦るソサノヲ神は暴力性をつのらせていきます。

アマテル大御神は「太陽や月のように、いつも明るく、弛むことなく、自らめぐって弱い者たちを気遣い暖かく助ける心が大切だ、民衆の父母となるのだ」と諭します。

自分が中心と考える心を捨てて、自身は率先して各地を巡り、他者の声を聴き、力の弱い者たちに寄り添うことが大切です。その悩みや悲しみに心を寄せることができたなら、いつしか本物のリーダーと慕われ、信頼されるのではないでしょうか。

このアマテル大御神の訓示は、三十一音の和歌となっていますが、この和歌こそ、日本の皇室・皇統を貫く「皇君精神」を明瞭に示す歌なのです。

縄文の教え

60

恐れるな、神の心で立ち向かえ

慈愛をもって神軍の武器とし、
真心を素直に保って
神軍の力を発揮し、
相手と道理を良く知って
神軍の威力を貫徹させるのです。
無事を保つ（成功裏にことを収める）のは、
神意にかなうこれらの覚悟にこそあります。
攻め亡ぼすのではなく、帰順に導くのです。

原文

慈《ゐつく》しを以《も》て　神形《かんかたち》　心中素直《なかごすなお》に　神力《かんちから》　よくもの知《し》るは　神通《かんとほ》り
事無《ことな》ふ保《たも》つ　奇霊《くしひる》ぞ　ただ和《やわ》らぎを　手段《てだて》なり

カナサキ神『はじめてのホツマツタヱ』天の巻8アヤ144頁の2

水の巻
リーダーシップ

正体不明だった反逆者ハタレたちの討伐に際し、カナサキ神は「敵が邪悪であろうとも、我ら皇軍は公明正大に徹して慈愛の心で立ち向かおう」と宣言します。

その結果、敵側から帰順する者も続出し、皇軍は連戦連勝します。

皇軍すなわち神軍のいくさとは、神の心で正邪を糺すいくさです。軍隊と軍隊が力でぶつかる戦争や、軍隊が非戦闘者を殲滅する虐殺とは明らかに違う日本武士道の原点が、ここにあります。勝ち負けを争うのではなく、平安を乱す原因を上手に取り除いていくという姿勢が大切ですね。

これは、社会における対人関係でも大切な心得です。争いを最終的に解決するのは力ずくで上位に立つことではなく、相手の心をつかむ覚悟にあるはずだからです。

縄文の教え 61

民心とともにあるから無敵

天の朝廷は、下々の民までが笑顔でつり上げられ、その身をゆだねる鯛のような絆で結ばれています。恐れ多いことです。

原文　タカマは民《たみ》の　ヱビス鯛《たい》　ゐとかけまくぞ

コトシロヌシ神（クシヒコ）『はじめてのホツマツタヱ』天の巻10アヤ２０７頁の1

自らの慢心が原因で天朝から「国譲り」を迫られた出雲のヲホナムチは、息子のクシヒコに進退を相談します。この事態を予期して父を諫めていたクシヒコは、ようやく目が覚めた父親に進言します。

「いくら我ら出雲が強大でもタカマの天朝には敵いません。天朝はすべての民を味方につけているからです。（我が軍の兵力がどれほど強くとも）民衆と固く結ばれているタカマにはなす術もないのです」

組織が強固に思えても、最後の勝敗は民心の内にこそ決します。縁の下を支える多くの民衆から笑顔の信頼を得ることの尊さは、何よりも大切なのです。

地球上で最古の歴史を有する我が国が、様々な苦難を乗り越えながらも、一国として存在し続けてきた理由は、まさにこの「ヱビス鯛」精神にあると言えましょう。臣民が皇室を尊崇し、また皇室が臣民の尊崇に応えて、臣民の幸せに寄り添ってきたからなのです。

縄文の教え 62

悪党は薙ぎ倒せ

教えてもなお
叛逆する者どもは
討ち綻《ほころ》ばしなさい。
罪科を犯したゆえの
裁きであることを
心得ぬ者どもには、もはや
天の恵みも届きはしないのです。

原文

教《おし》ゑてもなお　逆《さか》らはば　討《う》ちホコろばせ
罪科《つみとが》の　糺《ただ》しも遠《とお》き　天《あめ》と地《つち》　届《とど》かぬことを　思《おも》ふなり

アマテル大御神『はじめてのホツマツタヱ』地の巻17アヤ24頁の6

水の巻
リーダーシップ

アマテル大御神は、イサナギ・イサナミの両神から、「武断」の大切さを厳しく教え込まれました。

慈しみを持って民に寄り添い、その生活安定を何よりも重視すべきだけれども、「それを乱し、教えに従わない悪党たちは、容赦なく裁きにかけよ」と訓示されました。公平公正な法の裁きの元に処置せよ、と。

それを保証する武力をおろそかにしないこと、武人たちの教化を怠らないことを肝に銘じたのでした。

縄文時代には争いごとはなかったようだとみる思い込みがあるようですが、領土や領民、あるいは財宝を奪い合う戦闘行為がなかっただけで、叛逆や、侵犯の実力行使は何度か発生していたようです。

アマテル大御神は、文武両道の構えを決して忘れず、征伐と裁定には、厳格に臨まれていたようです。

縄文の教え 63

教え諭《さと》し続ける

お前たち行政官は、毎日毎日、やむことなく、常に「民衆教導」を第一としなさい。

原文

臣《とみ》ら終日《ひめもす》 倦《う》まなくて 教《おし》ゑを常《つね》の ワザとなせ

アマテル大御神『はじめてのホツマツタヱ』地の巻17アヤ24頁の10

水の巻
リーダーシップ

アマテル大御神は、社会の秩序を保つために働く行政官たちに、「来る日も来る日も、民を教え導くことに骨を折りなさい」と指導されました。掟に従わせる強制ではなく、掟の意味とその合理性を正しく理解させる教導を求めました。

反発や、無理解や、抜け駆けが当然あり得るでしょう。でも、その際に力で抑え込むのではなく、繰り返し教え説いて、民とともに歩みなさい、と行政官たちに教えを垂れました。

繰り返しそう説いて、疑問や曲解をなくしていったのです。

アマテル大御神ご自身が、率先して、倦むことなく教えを垂れ続けていたのでした。「教えを常のワザとなせ」です。

縄文の教え

64

教え教わり分《ぶ》を務《つと》む

民に教えない者は
臣ではない。
臣の教えを受けない者は
民ではない。
おのおの、天の道理を
常に考えるのです。

原文

教《おし》ゑぬ者《もの》は　臣《とみ》ならず　教ゑ受《う》けぬは　民《たみ》ならず　常《つね》に思《おも》えよ　天法《あめのり》を

アマテル大御神『はじめてのホツマツタヱ』地の巻17アヤ24頁の14

行政官は、常に「強制・指導」ではなく「教える」ことを第一としなさい、とアマテル大御神は懇ろに諭します。また、一般大衆も、みずから学んで教えを受ける姿勢で成長しなさいとおっしゃいます。

「お天道さまが見ていらっしゃる」という意識は、「アメノリ＝天法」すなわち天のご法度を大切にする縄文時代からの順法精神なのです。

みずから立ち、ともに生きるための深い知恵が、天法に刻まれていて、官も民も、互いに学び合っていたのです。

天法は、成文化されていて、歴代の大君に引き継がれていたようです。

ハムラビ法典や、シュメール文明の法典に先駆けるものが我が国でも独自に伝えられていたと思われます。

縄文の教え

65

人財は適材適所

「鈍《にぶ》」「並《なれ》」「鋭《とき》」の違いはあっても、
例えば土器にもいろいろあるが、
屑を捨てずに活用し、
「鈍」「鋭」は、均《なら》して
うまく使いこなすように、
人も上手に適材適所で
それぞれ活かして働かせるのが、
天の心です。

原文

鈍並鋭《にぶなれとき》の　民《たみ》あるも　例《たと》えば数《かず》の　器物《うつわもの》
屑《くづ》を捨《す》てなで　鈍鋭《にぶとき》を　均《なら》し用《もち》ゐん　天《あめ》の心《こころ》ぞ

アマテル大御神『はじめてのホツマツタヱ』地の巻17アヤ27頁の8

人材の「鈍」とは、物わかりが悪く、上達に遅れがある人たちで、「鋭」とは、悟りが早く、器用に仕事をこなすことができる人たちです。そして残りの多くは、その中間の「並」の実力をもつ者たちです。

生きるもののすべてが活躍できることが天の神さまの望むところです。見えない長所や見えない欠点の観察が必要となります。「切り捨てをしない」とまず決心して、教育指導とともに、人材の程よい組み合わせが大切です。

現代の学歴偏重社会の問題は、試験偏重にあり、その試験が選択肢を選ぶ試験に偏ることにあります。マークシート方式ですね。今の日本社会では「出された答えを手際よく選ぶ」人材だけが高く評価されがちです。

江戸時代の寺子屋や私塾では、優秀者は先輩後輩・年齢問わず、教え役に抜擢されました。ともに学ぶ・成長させうる人材こそが、評価されたのです。いわば、縄文式です。

縄文式寺子屋や私塾の復活が、今こそ必要なのではないでしょうか。

縄文の教え

66

鞭《むち》より諭《さと》し

百回千回と教えても覚えない者へは、まず教師がみずからの努力に鞭を打ち、再び教えを説きなさい。

原文

百千《ももち》教《おし》えて　覚《おぼ》ゑずば　しづむる杖《つゑ》に　また教ゆ

アマテル大御神『はじめてのホツマツタヱ』地の巻17アヤ32頁の16

水の巻

リーダーシップ

「鞭は、できない相手に打つのではなく、教える工夫が足らない自分自身に打て」と示す、たいへん厳しい教育論です。百回や千回の繰り返しを面倒と思ってはなりません。教えるということは、工夫の積み重ねです。同じことを繰り返し、また工夫をしては別の側面から繰り返すことが大切なのだよ、とアマテル大御神は諭します。

相手が修得しないからといって、その相手を鞭で打ちまかしたり怖がらせたりしても、所詮効果はありません。

教え人は、教える相手の身体に鞭をうつのではなく、自分の心に鞭を打つつもりで、自分自身を叱咤激励し、教える工夫を重ねて、根気よく伝授しなさい、と説くのです。それでこそ、教師は聖職者たりえるのでしょう。

縄文の教え
67

失敗にも
更生のチャンスを

たとえ一度失敗が
あったとしても、
それが
繰り返されると
決めつけて
許さないのは、
いかがなものでしょう。

原文　たとひ一度《ひとたび》　事乱《ことみだ》れ　更《さら》にあらんや

ニニキネ神『はじめてのホツマツタヱ』地の巻21アヤ106頁の12

帝都を建造中に、落雷で祝賀を汚したウツロヰ神にアマテル大御神は厳罰を下そうとされました。自身の宮殿の落成祝典を汚された皇孫のニニキネ神でしたが、ウツロヰ神への許しを祖父に請います。

「たとえ一度の大失敗を犯したからといって、必ず二度に及ぶということもありますまい。事情をよく聞いて懇ろに注意しますので、更生の機会を与えてやってください」と。

この温情に救われたウツロヰ神は、以降、ニニキネ神に忠誠を誓い、新田開発に協力していきます。雷神をも手なずけたニニキネ神が、後に別雷神《わけいかづちのかみ》と尊称される由縁です。

さて、許す温情もリーダーシップに必要ですが、「温情」が教訓なのではありません。失敗に到る経緯を明らかにして、判断の誤りがどこにあったかを糺すことが何より大切です。口だけの再発防止では、ダメですね。

縄文の教え 68

素直であれば刑罰は不要

矛という制裁具が
なかったのは、
臣民がみな素直で、
道理を守っていたからです。
矛もいらず、
人心は透き通っていたのです。

原文

矛《ほこ》なき故《ゆえ》は　素直《すなお》にて　法《のり》を守《まも》れば　矛いらず　心《こころ》ゆきすく

アマテル大御神『はじめてのホツマツタヱ』地の巻23アヤ123頁の4

水の巻

リーダーシップ

両神（イサナギ・イサナミ）に到る天七代《あめななよ》の時代、その初期には、制裁具としての「矛」などを必要とはしませんでした。

なぜなら、人々はみな素直で、天法を誰もが遵守し、悪行を犯す者などいなかったからです。人々の心は、雪のように真白く、透き通っていたので、刑罰の必要すらなかったのです。

このように古き良き時代を思い起こすのは、「刑罰」の意味を考えるにあたり大切な原点だからです。

刑罰は、人を罰するためにあるのではありません。人を怖れさせるためにあるのでもありません。

人の心を本来の「素直な心」に保つために矛・刑罰があるのだよと、アマテル大御神は伝えたかったのではないでしょうか。

縄文の教え 69

不正な温情は謀反の源

なぜならば、
過ちの発生を
容易に許せば、
勘違いした民がみな
慢心するゆえに危険なのです。
ここからハタレが
生まれるのです。

原文

故《かれ》禍《が》起《お》こりを　容易《たやすく》に　許《ゆる》せば民《たみ》も　みな驕《おご》る　これよりハタレ　現《あら》はるる

アマテル大御神『はじめてのホツマツタヱ』地の巻23アヤ129頁の2

不正は様々なきっかけで起こります。ちょっとしたミスや、小さな出来心や、あるいは誰かを庇うつもりの不正などもあります。これらを、安易な温情や、大ごととなることを避ける配慮などから不問にして許してはいけません。不正の真の原因を追及しないで見過ごすと、後に必ず禍根を残します。

身内に甘いのは良くありませんし、まして実力者におもねって不正を不問にする態度は、なにより最悪です。追求されない不正の残存は、多くの者の油断、慢心、傲岸をまねき、正常だった者までをも、悪党ハタレと化してしまいかねないのです。

切腹という武家社会での作法は、無数の悲劇を生みましたが、ケジメをつける効果は抜群だったようです。責任者が不在であるような現代の日本の政治状況を、縄文人なら、決して許さなかったでしょう。

縄文の教え 70

千丈《せんじょう》の堤も蟻の一穴《いっけつ》より

悪人ひとりを安易に許せば、
大勢群れて大道に背く。
ほっておくとついには、
各地で争乱が起こるものです。
すべて「源」を糺《ただ》さなければ、
洪水となって防ぐことが
できなくなるのです。

原文
一人《ひとり》許《ゆる》せば　万群《よろむ》れて　その道《みち》逆《もど》行る　差《さ》し置《お》けば
ついには四方《よも》の　乱《みだ》れなす　これ源《みなもと》を　糺《ただ》さねば　大水《おおみず》なして　防《ふせ》がれず

アマテル大御神『はじめてのホツマツタヱ』地の巻23アヤ129頁の8

水の巻
リーダーシップ

河川の決壊も、はじめは小さな穴から生じ、やがて大洪水へと被害が急拡大します。ですから、初期の小さな段階に把握して、早期対処することがとても大切なのです。

地方行政における初期段階での事態の把握と、早期対処のためにアマテル大御神が活用されたのが、「ヨコベ」という役職です。ヨコベは、一国をまとめる「ツウジ」一人に対して十名が中央から派遣され、行政長官たる「ツウジ」を手助けするとともに、その動向をたえず中央に伝えます。「ヨコベ」は、後に横目とか、目付《めつけ》とかの役職となっていったのでした。

目付は、監視とは少し違います。上からのルールを押しつけることではなく、大衆の不安や懸念に、常に心を寄せる姿勢が重要なのです。地方の独立性を認め、たとえ任せても、常に目を離さない、これが心得です。

縄文の教え

71

役人の増長は重罪

もしも上級行政官の驕《おご》りによって、民を困窮させ死に到らせることがあれば、それは重罪です。

原文 もしも司《つかさ》の　驕《おご》りにて　民《たみ》を枯《か》らせば　罪多《つみおお》し

アマテル大御神『はじめてのホツマツタヱ』地の巻23アヤ139頁の9

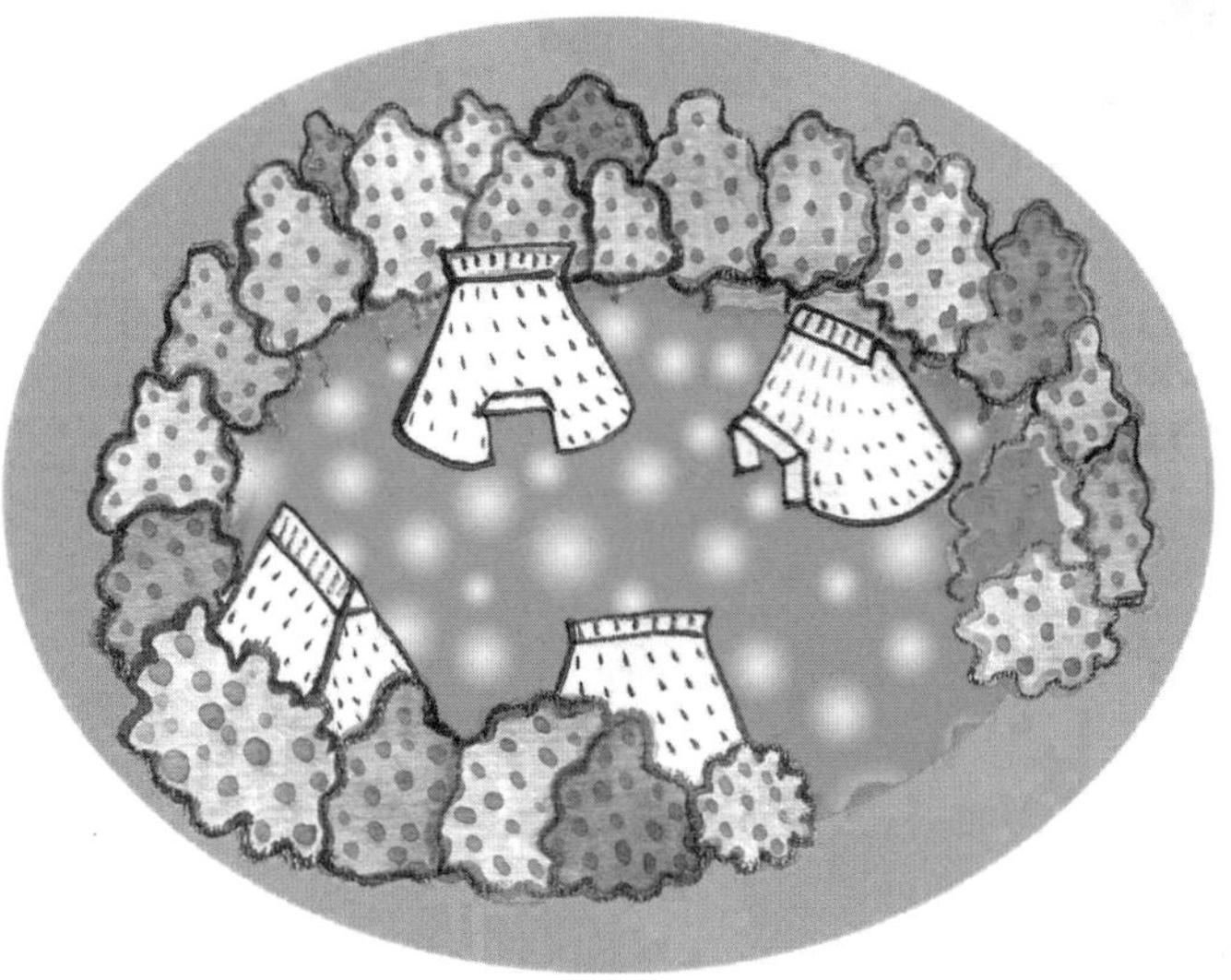

水の巻
リーダーシップ

民が慢心したとしても、その悪影響は家族親族に留まるでしょう。けれども、行政官の驕りと慢心は、悪影響を及ぼす範囲が格段に広く大きくなります。行政官の不祥事によって、もしも無辜の民衆が傷つき、あるいは命を落とす「枯らす」ことがあったなら、その行政官の罪は重罪です。

行政官にとって、民は、親にとっての子、兄姉にとっての弟妹です。本来導くべき対象である民の身心を傷つけることは、許しがたい悪行といえましょう。ゆえに、行政官であるならば、なおさら自らの、慢心、傲岸、増長を猛省しなさい、とアマテル大御神は厳しく叱正します。

古来、我が国では、功労者への褒賞は「称え名」と「役職」でした。それは利権や権益ではなく、責務として受けとめられていたようです。守《かみ》や司《つかさ》の責任は重大だったのです。

縄文の教え
72

民あるゆえの君なり

国民《くにたみ》を君主の所有物だと考えてはいけません。君主は、国民あってこその君主なのです。

原文 国民《くにたみ》を　我《わ》がものにせな　君《きみ》はその　民《たみ》の君なり

ハコネ神（オシホミミ）『はじめてのホツマツタヱ』地の巻24アヤ174頁の15

皇子に譲位するにあたり、箱根神のオシホミミ（アマテル大御神とセオリツ姫の正嫡）は、「何より大切なのは……」と戒めを御言宣《みことのり》します。

「国民」を自分の所有物のように、決して考えてはなりません。君は民の上に君臨する存在ではないのです。一般大衆あってこその君主です。民を支え、育み、（つまり育む「根」＝ハコネとなり）、民々の心に寄り添う指導者になってこそ本当の君主、つまり「民の君」となれるのです。

「君はその　民の君なり」とは、国民主権の大義を、縄文時代からうたっていた証《あかし》ですね。

縄文の教え 73

古いしきたりも時に見直す

命あるものを
恵みもなく、
死に追いやるのは
痛ましい。
古伝の掟であっても
良からぬ道は
止めるべきでしょう。

原文

生《い》きを恵《めぐ》まで　枯《か》らするは　痛《いた》ましひかな　古法《ふるのり》も　良《よ》からぬ道《みち》は　止《や》むべしぞ

垂仁天皇『はじめてのホツマツタヱ』人の巻37アヤ155頁の3

人皇十二代の垂仁《すいにん》天皇は、伊勢神宮を造営された皇君です。皇祖の神々を篤く神祭りし、伝統を重んじる方でした。けれども、すべてを旧習に準じることが良し、とはされません。

愛する皇后が崩御された時、その葬祭において、殉死を中止する勅《みことのり》を垂仁天皇は発せられたのです。神武天皇の葬祭以降、旧臣たちが殉死する習わしが形式的に順守され、本人の意志にかかわらず、殉死こそが忠誠の証とされてきました。勅により、生身の人身に代わる土器人形の古墳埋葬が始まりました。

正しい伝統主義とは、その伝統が拠って立つところの根幹の精神を敬って、その精神と礼法を継承することにあるのでしょう。根っこの理解と歴史の見直しは、時代ごとに大切なのです。

COLUMN 4

ご皇室と「神のいと」

ホツマツタヱの物語に親しむと、我が国ご皇室の成り立ちについて、深く知ることができて、その存在が、実は私たちひとりひとりと極めて親近な方々であることがよくわかります。

ご皇室の源は、「何処か海外の高天原？」などから日本列島にやって来た存在などでは決してありません。この「ひのもとやまと」を最初からおつくりになった、私たち日本人（心ある帰化人も含めて）の共通のご先祖さまなのです。

お正月やひな祭り、七夕や盆踊り、お月見や菊まつりなどの年中行事はもちろんのこと、四十八夜の喪祀り（四十九日忌）や祥月命日の供養なども、七五三の宮参り同様に「ひのもとやまと」固有の「おこない（神事）」であったことが読み取れます。

それらの神事を守り伝え、さらには、春（秋）季皇霊祭や百年祭などで、何よりも大切な「先祖祀り」を私たちに教え続けていらっしゃるのがご皇室です。

「クニ民を我がものにせな」と戒め、私たちを「大御宝」と呼んで恵みを垂れ賜うそのお姿は、縄文時代から連綿とつながる「神のいと（糸／霊脈／慈愛）」なのです。

大宇宙根源の「サムシング・グレイト」な生命体が、何かの理由があってこの日本列島に降り立ち、ご皇室（天神）となり、私たちの遠い遠いご先祖さまたちと血を結んで、「ひのもとやまと」が建国され、縄文時代が幕開けとなったのです。

ご皇室と私たち国民の絆が希薄となれば、「神々の教え」は力を失い、日本人は道を失います。この現代に、奇跡的に『ホツマツタヱ』が再発見されて、私たちは「縄文の神々の御言葉」に触れることができます。すべては「神のいと」で結ばれていたのです。

縄文の教え

地の巻

お天道さまと罪

縄文の教え 74

知恵者が魔物に化ける

天界に縁のあるものでなく、天神族ではありません。ねじけた心で悪知恵が働き、執着心の塊のような連中が「六つハタレ」となったのです。

原文

天《あめ》にも居《お》らず　神《かみ》ならず　人《ひと》のねぢけの　鋭《と》き勝《すぐ》れ　凝《こ》り得《ゑ》て六《む》つの　ハタレなる

アマテル大御神『はじめてのホツマツタヱ』天の巻8アヤ142頁の13

お天道さまと罪

アマテル大御神の築いた太平の世を攪乱した「ハタレの乱」。ほぼ、同時期に六つの悪党集団が暗躍しました。

それは、虐げられた者たちの反乱でも、ひもじさゆえの暴動でもありませんでした。人の幸せに目が奪われ、妬《ねた》みや嫉《そね》みで心を曇らせた知恵者たちが仕組んだ、暴挙でした。欲をかいた人たちをたぶらかせて踊らせたのです。

この叛乱事件は、三つのことを教えます。

ひとつは、平和を脅かす争いごとは、平和な絶頂期にこそ発生するということ。

もうひとつは、一見平和に見える世の中であっても、格差が広がると不穏な空気を引き寄せるということ。

そして最後のひとつは、悪事の引き金を引くのは、妬みで心を曲げた知恵者の仕業であるということです。

欲目をかいた人々を悪党たちがたぶらかせることから、争いごとが始まるのです。

頭が切れて、見た目が麗しく、弁舌の立つ知恵者には、呉々もご用心。

縄文の教え 75

悪知恵で味をしめると地獄の苦しみ

驕《おご》りを貪る者は、火に焼かれるような苦しみを毎日三度、味わうことになります。

原文 驕《おご》り火《ひ》の　日々《ひび》に三度《みたび》の　悩《なや》みあり

アマテル大御神『はじめてのホツマツタヱ』天の巻8アヤ143頁の8

欲をかいた人々を操ってトップに君臨する悪党には、地獄の苦しみがつきまといます。

人を騙したから「自分も騙されるかも」、人を裏切ったから「自分も裏切られるかも」、弱い者を見殺しにしたから「力を失ったら自分も殺されるかも」と、疑心暗鬼に心を焼かれ、安まることがありません。

けれども苦しみを自覚する者は、まだ幸せなのかもしれません。

なぜなら、気づいて悔い改めることができるからです。

追随して悪に加担し、自覚すらしない愚者は、気づかぬうちに愛を失います。人の愛を失い、ついには天の愛を失います。天の愛を失うと、子孫が根絶やしになるのです。

縄文の教え 76

悪党でも救われ成仏できる

「タマカエシ」の神法によって、乱れた「魂の緒」を解くことができれば、天界へ還れるのです。

原文

魂還《たまかえ》し　乱《みだ》れ緒《お》解《と》けば　神《かみ》となる

アマテル大御神『はじめてのホツマツタヱ』天の巻8アヤ173頁の1

地の巻

お天道さまと罪

天朝に叛逆したハタレたちでしたが、戦闘に敗れ、反省し帰順しました。熊野の誓紙に誓って改悛した者もいましたが、悶絶の苦しみのなかで息絶えた者たちも数多くいました。そのまま放置すれば、天界に戻れない彼らの霊魂が地縛霊となり、災いを呼び、本人の苦しみも解けません。

アマテル大御神は、懇ろに鎮魂し慰霊することを促します。現世でタマノヲが乱れても、丁重に鎮魂すれば、安らかに昇天し、生まれ変わることができるのです。

現世での邪欲を来世にひきずるのは、本人にもその親族にとっても不幸です。鎮魂慰霊が欠かせないのですが、魂返しは恨み死にした本人の自力では叶うことがありません。誰かの無償の弔いが、必要となる所以です。たとえ恨みがなくても、不慮の事故死や災害死でも、タマカエシは故人を天界へ還してあげるために欠かせません。

不幸な事故や災害が起きた時、日本人は被害者が見も知らぬ人であっても、花を手向けたり手を合わせたりします。無償の弔いが、タマを解き、世の中の平安を守ることを縄文の昔から知っているからなのです。

縄文の教え

77

天の許しは反省後の行動次第

天の神々の許しを
得られるかどうかは、
改悛の後に、
天の道理に忠誠を
尽くせるかどうか
次第です。

原文

天意《あい》得《ゑ》ることは　後《のち》の忠誠《まめ》

イフキ神

『はじめてのホツマツタヱ』天の巻9アヤ184頁の9

お天道さまと罪

自分勝手だったおのれの生き方を改悛して、悔やみの涙で真情を吐露したソサノヲ神。八年間の流浪の日々を重ねて、ようやく気づいたのです。

対する甥のイフキ神は、皇軍の盛装に身を包みながらも、自ら下馬して、ソサノヲ神の手を取り優しく激励します。「誰か特定の人に許されるとか、罪を逃れる、とかではない。天命に従っておのれの使命を果たすことがすべてです。叔父貴殿」と。

「天意《あい》」とは、この天界を統べる神々の御心のことです。

「許しを乞うなら、天に乞え」とは、厳しくも味わいのある台詞。罪を犯してしまったなら、たとえ被害者が許したとしても、天界の神々が、すべてを帳消しにしてくれるとは限らないのです。

お天道さまが覧《み》てくださっていることを決して忘れてはなりません。

縄文の教え 78

天に還《かえ》る道を知れ

「初《うい》」を
知っていますか？
天界で命を授かり、
やがては天界に
還るのです。

原文
初《うい》を知《し》れるや　天《あめ》に受《う》け　天に還《かえ》るぞ

カスガマロ神（アマノコヤネ）『はじめてのホツマツタヱ』天の巻13アヤ245頁の1

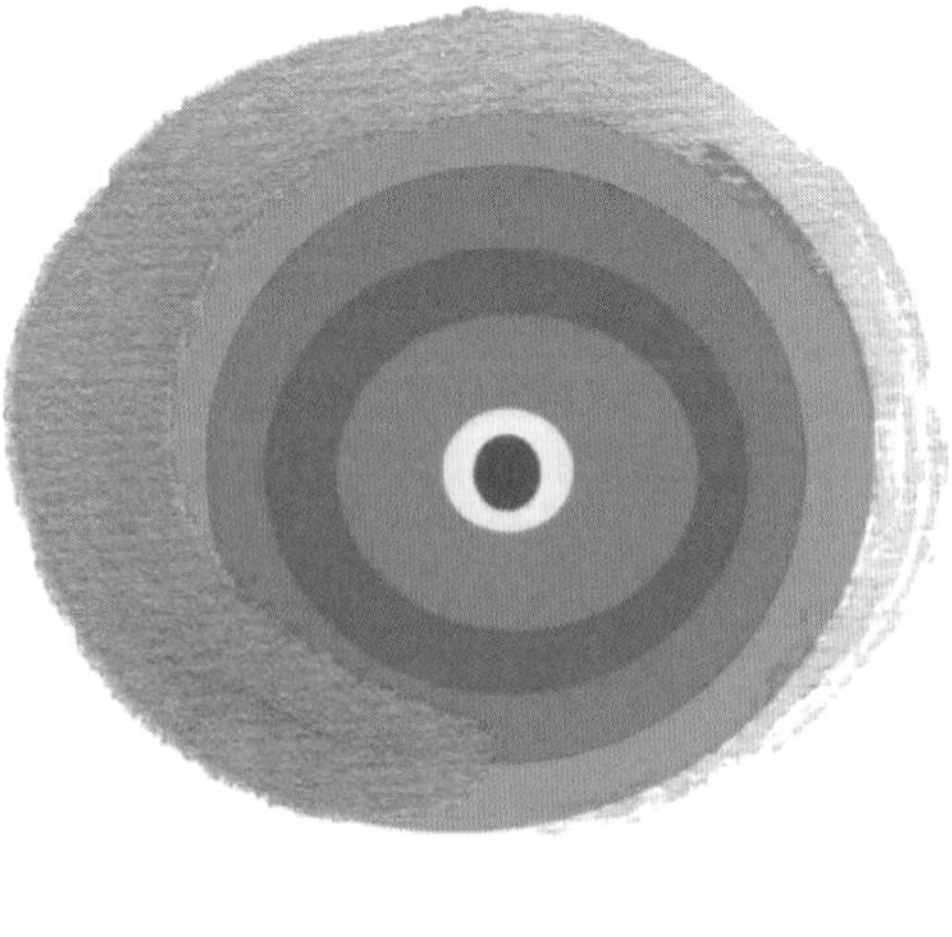

カ

スガマロ神は、自らの業績を誇り自慢するヲホナムチに「初《うい》をご存知ですか」と尋ねます。

人生も、何事も、「終わり方」を正しく修めなければ完結となりません。

そして、その「終わり」とは、「始め」に還ることであり、「始め」を理解しなければ、満足のいく「終わり」は実現しないのです。

「天に受け、天に還る」とは、「無から始まり、無に終わる」ということです。死んで天に還る時、あの世には何物も持って行けません。

大切なのは、悔いのない清らかな心だけです。

「初《うい》の心」とは、どんな心でしょうか。それは、赤児の心を取り戻すことです。座禅の心も、滝行の心も、山伏の修行も、赤児に還ることを目指します。かといって、すべての人に修行が必要だというわけでもありません。

「初の心」を知るとは、「ありがとう」を知ることです。「おかげさま」を知る心です。元旦に初日の出を拝む時には「初の心」を深く感じ取りたいものですね。

縄文の教え

79

神罰などはない

神は、罰することはありません。

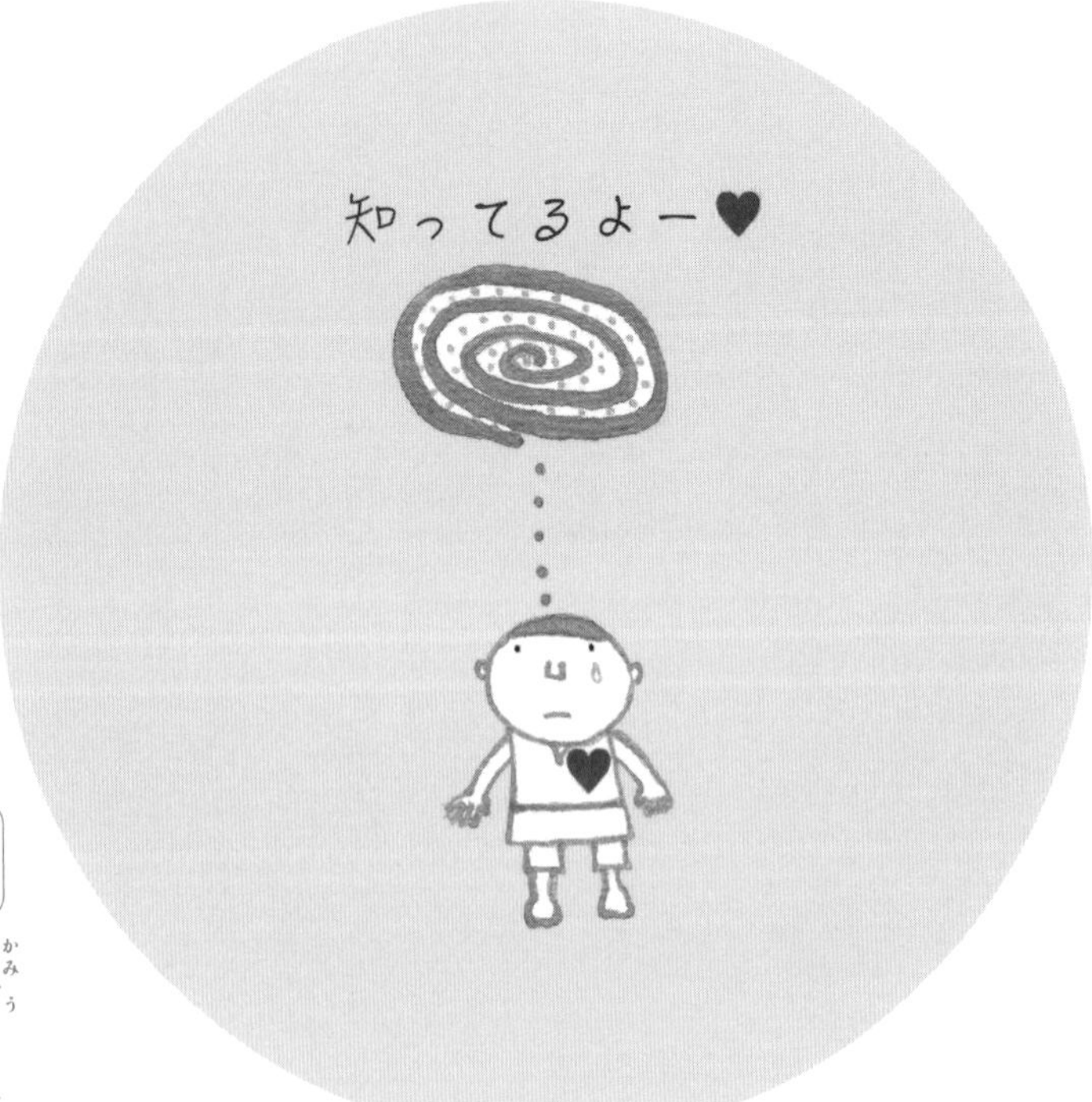

原文

神打《かみう》たず

カスガマロ神（アマノコヤネ）『はじめてのホツマツタヱ』天の巻13アヤ248頁の12

天罰が下る、などと人は根拠もなく噂しますが、実は、神罰や天罰などは存在しません。神は、罰することがないのです。

神は罰することがないのですが、許すということもありません。悪事を記憶し続けるのです。

そして、人の心は、そのことを知っています。つまり、自分の犯した悪事が許されず、どこかに記憶され続けていることを、心は常に思い出すのです。心は天界とつながっているので、無意識でも心は思い出すわけです。

ゆえに罪を犯した人は、遅かれ早かれ、その罪が許されていないことに気づき、そして、怖れ、悩み、苦しみます。

償いだけが、絶望を希望へと転換できるカギなのです。

縄文の教え 80

物乞い生活では
来世はケモノ

世にあって
自らの技能で
生むことのできる財《たから》を、
他人にただ乞う生き方は、
野良犬と同然。
まさに天の罪人です。

原文

世《よ》にありながら　その能力《わざ》に　うめる財《たから》を
ただ乞《こ》ひて　食《く》らふ犬《いぬ》こそ　天《あ》の罪人《つみ》よ

カスガマロ神（アマノコヤネ）『はじめてのホツマツタヱ』天の巻13アヤ251頁の8

「欲しを去る（我欲を捨てる）生き方とは、無一文になることですか？」と尋ねられたカスガマロ神は、答えます。

この現世に生まれ育って、本来なら自力で仕事の成果を得られるはずであるのに、乞食となって野良犬のようにただ施《ほどこ》しによって命をつなぐような生活は、天の法度《はっと》を犯した罪人といえましょう。

「働かざる者、喰うべからず」とは、「食べるためには、働いて、金を稼ぎなさい」という意味ではありません。各々の役目を果たさずに、生きていてはダメだ、と説くのです。

施しで暮らす生活は、罪人の生活である、と厳しく戒めます。

ちなみに、縄文ホツマの時代には、「出家した僧侶」という存在はありませんでしたが、もしいたとしたら、どう評価されたのでしょうか。お布施で暮らす生活は尊重されないはずです。村々を巡って橋を架けたり、道を作ったり、ため池を補修したりする行基《ぎょうき》菩薩さまのような生き方が望まれたと想像できます。

縄文の教え 81

あなたの命はあなたが受けついだ宝

肝に銘じなさい。「命は、あなただけの宝」です。

原文

思《おも》え命《いのち》は　身《み》の宝《たから》

アマテル大御神

『はじめてのホツマツタヱ』天の巻15アヤ285頁の10

地の巻

お天道さまと罪

生きるものすべての命はつながっていて、それは、かけがえもなく尊いものだとアマテル大御神は常々お話しになりますが、ここでも「あなたの命はあなただけのもの。大切にしなさい」と優しく諭《さと》します。

命は天の恵みであり、授かった命を輝かせることは、生きるものの務め。命を輝かせることも、萎《しぼ》ませることも、あなた次第です。輝かせれば、さらに恵みは深くなり、命を輝かせる身体は、ますます美しく力を増すでしょう。

このように、縄文時代は、現世を「(本来は)楽しく輝かしい時空間」と、考えていたようです。命を得て生まれることは、ありがたいことであり、死ぬ時は、「再び生まれて楽しみたい」と願いました。

縄文の教え

82

自殺では天に還《かえ》れない

天寿を全うしない死に様では、苦しみによって「魂の緒」が乱れ、天界に還ることができなくなってしまいます。

原文

時来《ときこ》ぬ枯《か》れは　苦《くる》しみて　魂《たま》の緒乱《おみだ》れ　天《あ》に逢《あ》えず

アマテル大御神『はじめてのホツマツタヱ』天の巻15アヤ286頁の3

「時来ぬ枯れ」とは、天寿を全うしない死去をいいます。
不慮の事故死、災害死、巻き添えによる致死、そして自殺などの死が、「時来ぬ枯れ」です。

肉体の死に際して、本来は天界に還るはずのものが「魂《たま》」つまり霊魂です。しかし、「時来ぬ枯れ」で亡くなると緒《お》が絡みつき、地界に縛られたかのごとく、天界に還れなくなります。還りたいのに還れない、無限の苦しみを味わうことになるといいます。

なので、無償の鎮魂、慰霊が大切となります。

事故や災害があると、その現場に亡くなった方々とは縁の遠い人さえ献花し、祈りに手を合わせます。それこそが重要で、無償の鎮魂、慰霊、弔いが、苦しむ霊魂の緒《お》を解《ほど》くのです。

けれども、自殺者の鎮魂だけは、なかでも難しいものです。戦地に赴く覚悟のうえの死や、切腹などの自己犠牲死であっても、懇ろな慰霊鎮魂が必要です。まして、まわりに相談もせず、思い詰めての自殺などを選択したら、天に還れません。

縄文の教え
83

お天道さまはお見通し

犯した罪は、
たとえ
隠したとしても、
天が知っているものです。

原文
犯《おか》し隠《かく》すも　天《あめ》が知《し》る

アマテル大御神
『はじめてのホツマツタヱ』地の巻17アヤ26頁の1

犯した罪は、たとえ他人の目から隠すことができたと思っていても、「天の目」から隠すことはできません。すべては、お見通し、なのです。

罪を自覚していて隠すのなら、罪を重ねることになります。

また、罪を自覚していなければ、隠すということはないように思えますが、無自覚な罪も、また深刻です。無自覚であっても、犯した罪は「天が知る」ので、ケガレが生じます。

すると、誰かがそのケガレを自覚して対処するまで、ケガレは消えずに残り続けるのです。その状態は、家族や子孫を苦しめる要因となるかもしれません。

「犯し隠す」は、あな、恐ろしや。「犯し覚えず」は、さらに恐ろしや。

縄文の教え

84

悪事は身に返る

天の報いがはたらいて、盗みも、誹謗も、暴行も、すべて自分の身にかえることが必定です。

原文

天《あめ》の報《むく》ひは　盗《ぬす》めるも　誹《そし》るも討《う》つも　身《み》に返《かえ》る

アマテル大御神『はじめてのホツマツタヱ』地の巻17アヤ27頁の16

地の巻

お天道さまと罪

盗みや、誹謗中傷、誰かを粗暴に扱うことも、すべての悪事は、天の報いを受けることになります。「天の報い」とは、すべてが、我が身にはね返ってくるということです。自業自得とは、このことをいいます。

天は、天みずから裁くということはしませんが、覧《み》て、記憶して刻み、欠けが償われるまで忘れはしないのです。

我が身で償うことができれば、まだ幸いです。おのれが犯した罪の報いを自分自身が受けることをしなければ、あなたの大切な家族や子孫が「報い」を身に受ける悲しいことになるからです。

つまり「身に返る」とは「我が身に返る」もしくは「我が子孫に返る」ことなのです。自身が犯した悪事によって、我が子孫の不運を招き、それをあの世から観ることほど、辛いことはないでしょう。これも即ち「身に返る」ことなのです。

縄文の教え 85

悪事は後の病の源

他者を傷つけて、たとえその時に痛い報いはなくても、後に患うのは、天からの鉄槌なのです。

原文

人《ひと》を打《う》てども　その時《とき》は　痛《いた》き報《むく》ひも　あらざれど　後《のち》の病《やま》ふは　天《あめ》が槌《つち》

アマテル大御神『はじめてのホツマツタヱ』地の巻17アヤ27頁の18

地の巻

お天道さまと罪

誰かを傷つけたとしても、その時は心も痛まず、身心になんの変わりもないかもしれません。けれども、後になって病気を患ったり、怪我をしたり、原因不明の鬱病に悩まされたりすることがあるものです。

天の戒めと神妙に受け取って、速やかに過去の悪事の償いをしたほうが良いでしょう。天の記憶は、時が経っても消えずに残り続けるのです。アカシックレコードと呼ばれるもの、閻魔帳と呼ばれるものが、その記憶です。

天の記憶を書き換えることができるのは、自覚して反省した人の、更生行為以外にはありません。常にその人の「生き方」が問われるのです。

日本の古い神社のお祭りには、奇妙な物語が再現されているような筋立てが残っていることがあります。それも天の記録なのかもしれません。祭りでは、混乱の後に必ず収束と平安の場面が再現されます。「悔い改めたやり直し」が、祭りとしても記録されているのです。

縄文の教え

86

能力ある悪党ほど報いを受ける

自分だけ得しようと欺《あざむ》く悪人には、報いがあります。

原文

己《おの》が利《と》き　盛《さか》り欺《あざむ》く　報《むく》ひあり

アマテル大御神『はじめてのホツマツタヱ』地の巻17アヤ37頁の10

お天道さまと罪

自分の利益に目が眩んで、欲望のままに他者を欺く人は、必ず報いを受けます。

「鋭《と》き人」すなわち狡賢くて能力のある悪党は、「利《と》き盛《さか》り」つまり自分の利益を最大限にしようと悪知恵を働かせます。天から授かった知恵は、万民を利するために活用すれば良いのです。

けれども、心が曲がると、自分の欲望を満たすためだけに大切な知恵を使ってしまいます。

利益のために人を欺く、それだけでも天意に背くのです。

授かった知恵は、みんなのために活用するのが本来です。

欲望のために他者を欺く手段として知恵を使っていては、お天道さまが見逃すことはありません。

いつか必ず帳尻が合わされるのです。

縄文の教え 87

人はひとつの小宇宙

人体は、天界と地界の相似形です。天空は「タカマ」、つまり大宇宙のおなかの中なのです。

原文　人《ひと》は天地《あめつち》　象《かたど》れり　空《そら》はタカマの　胎《はら》の内《うち》

アマテル大御神『はじめてのホツマツタヱ』地の巻17アヤ41頁の4

人という実存は、天地という大宇宙に対する小宇宙というべき存在です。見上げる大空は、天御祖神《あめみをやかみ》の御胎内、つまり母胎の子宮ともいうべきものであり、私たち人間は、そのなかに育まれる嬰児のような存在です。誰もが未熟で、かつ貴重な存在なのです。

両目は日月、耳鼻口などは星のようなものです。すべて宇宙とつながり、天界の恵みを受け、天界の教えを感じ取ることができるのです。目を閉じて、耳を澄ませば、宇宙のメッセージがおのずと伝わってくるかもしれません。

あらゆる宗教的スピリチュアルな悟りとは、自分自身の心の中にアメツチという大宇宙を感じ取ることなのでしょう。

縄文の教え 88

罪は免れることはない

天の神は犯罪を
悪の発意と同時に知る、
地の神は発動と同時に知る、
人は噂話で知るのです。
この三つの「告知」がすべてを
明らかにして、
「公《おおやけ》」において、犯罪が報いから
免れることはありません。

原文
天《あめ》は意《い》に知《し》る　地応《はにこた》ふ　人《ひと》は告《つ》げ知《し》る
この三《み》つに　告げ現《あらは》れて　公《おおやけ》の　罪免《つみまぬ》かるる　ところなし

アマテル大御神 『はじめてのホツマツタヱ』地の巻17アヤ42頁の10

お天道さまと罪

人の心はそもそも天とつながっているので、良い意図も悪い意図も、それを思い立ったと同時に天は察知します。

人の身はそもそも大地にあるので、良い行動も悪い行動も、それを為したと同時に地に感応されます。

人はそもそも言葉で人とつながっているので、悪事を犯したら、やがて噂にのぼり、いつしか人々に知られることになります。

お天道さまはすべてお見通しであり、罪は隠してもいずれ公《おおやけ》となり、報いから免れることは決してありません。

縄文の昔から私たち日本人は、「お天道さま」にいつも見守られていると意識して生きてきました。「恥」とは、「お天道さま」に知られる恥です。その意識が、日本人の民度を高め、美しい国柄を育ててきたのです。

おわりに……………… とらさん 原田峰虎

愛らしくお茶目な神サマたちの暮らしぶりを、いかがご覧くださいましたでしょうか。明るく仲良く一人ひとりが真剣に生きている姿は、とっても魅力的です。その言葉の一つひとつは、やさしいようで厳しく、現代人の私たちには、真意をつかみにくいような響きもあります。

『ホツマツタヱ』という神々の物語・縄文叙事詩は、原文が「ヲシテ」という神代文字で書かれています。古い大和言葉なので、日本語なのですが現代では使われない言葉や、使われていても意味合いが今とは少し異なる言葉もあります。二重や三重の意味が重ねられている掛け言葉も多く、筆者の私が本書で示した現代訳には、違った解釈の可能性や未熟で至らないところがあるかと思います。

また、語られた神々の御言葉のなかには、特に女と男の役割意識などの表現に、現代の社会風潮から見れば、違和感を感じるところもあったかもしれません。

けれども、全体を通じて届けられるメッセージには、何か懐かしいような、子供の頃に純真な気持ちで受け取っていた「素直な生き方」の教えを思い出させるような励ましを感じてしまいます。お祖父ちゃんやお祖母ちゃんの温もりを彷彿とさせる何かがあるのです。

きっと現代人の私たちの心にも、縄文の心がしずまっているのでしょう。遠い遥かな昔と、血と霊性で結ばれた絆が、目覚めの朝を待っていたのです。

素敵な絵で深読みを助けてくださった牛嶋浩美さんと、この機会をくださったかざひの文庫の磐﨑社長、そして学びをともに楽しんでくださっている多くの（もちろん本書を今、手にしてくださっているあなたも含めて）ホツマツタヱ仲間のみなさまに、心より御礼を申し上げます。

おわりに……牛嶋浩美

「縄文の知恵を忘れるな」その言葉を目にしたのは東日本大震災の避難所の壁でした。13年前に見たその言葉と、2万人近い犠牲者の魂を無駄にしないと心に決めて縄文の知恵を色々な角度から探求してきました。

私が社会派イラストレーターとして30年以上活動をしてきて大事にしてきたことは、社会や世界が必要としているテーマやメッセージを絵にしていくことでした。

縄文の知恵というと縄文遺跡から推測することが基本で、裏付けのとれないことは話せないのだという学芸員の方の言葉もたくさん聞いてきました。

私は幸運なことに　縄文の古文書ホツマツタエに出会い、知りたかった縄文人の精神性を知ることができました。

その両方を表現できないだろうかとずっと考えてきました。

基本的な縄文人の生活と在り方を、ホツマツタエに書かれている精神性から推測して両方を融合していけないかとイメージして今回の絵に落とし込んでみました。

縄文時代を美化しすぎることも不自然だと感じ、なぜそのような在り方になったのかという根拠を精神面から伝えられたらという想いもうまれました。

そして、本来の日本人の平和の知恵は強さを伴うものだと思うようになりました。強さとは、生きることに対しての信念と軸があるということ。

自分の役割を生きるということが軸になり、それを育て合う社会ができていたことがわかりました。

その極意をとらさん先生が文章にしてくれ、その深さを自分の中に落とし込んで絵にしてみました。

以前から縄文の知恵を絵でわかりやすくしたものをみんなに読んでほしいという想いがあり、かざひの文庫の磐﨑社長に何年も前から相談してきました。

今回、日本も変化の時期に来ているように思われ、最善のタイミングでこのような本が出版されることを心から嬉しく思っています
たくさんの方々に読んでもらえることを心から願っています。

原田峰虎

MINETORA HARADA

京都の東寺灌頂院そばで出生。寅年牡牛座B型波乱のペガサス。早稲田大学除籍処分。学生時代は亜細亜を彷徨いつつ世界一周。輸入貿易業を経て沼津港で30年間和風鮮魚料理店を経営。ホツマツタヱ再発見者である松本善之助氏に出逢い、ホツマツタヱ読書人となる。各地でホツマ愛読会講師をつとめる。他方で、藤原角行の直系を嗣ぐ富士御法家の法灯を伝える不二行者として垢離取りや滝行を指導中。著書に『フトマニ歌占い』(かざひの文庫)。研究同人誌『検証ほつまつたゑ』現編集長。

牛嶋浩美

HIROMI USHIJIMA

1964年生まれ。大学で国際関係·国際問題を学び、どうしたら世界が良くなるのか考え始める。大学4年時のニューヨーク1ヶ月滞在中に絵でメッセージを伝えることを決意。1997年から2014年までユニセフのカードやグッズや絵本制作をする。その他、絵本やイラストを通してメッセージを伝えている。縄文からの知恵を伝えるために学びを10年以上続け、現在は縄文の知恵をアートにするクラスを毎月開催している。共著に『太古から今に伝わる不滅の教え108』(かざひの文庫)がある。

ホツマの神々《かみがみ》が伝《つた》える
縄文《じょうもん》の教《おし》え88

日本《にほん》の心《こころ》を取《と》り戻《もど》す悠久《ゆうきゅう》の縄文《じょうもん》スピリッツ

文　原田峰虎《はらだみねとら》
イラスト　牛嶋浩美《うしじまひろみ》

2024年6月6日　初版発行

発行者　磐崎文彰
発行所　株式会社かざひの文庫
〒110-0002　東京都台東区上野桜木2-16-21
電話／FAX 03(6322)3231
e-mail: company@kazahinobunko.com
http://www.kazahinobunko.com

発売元　太陽出版
〒113-0033　東京都文京区本郷3-43-8-101
電話 03(3814)0471　FAX 03(3814)2366
e-mail: info@taiyoshuppan.net
http://www.taiyoshuppan.net

印刷·製本　モリモト印刷
装丁　BLUE DESIGN COMPANY

ISBN978-4-86723-172-2

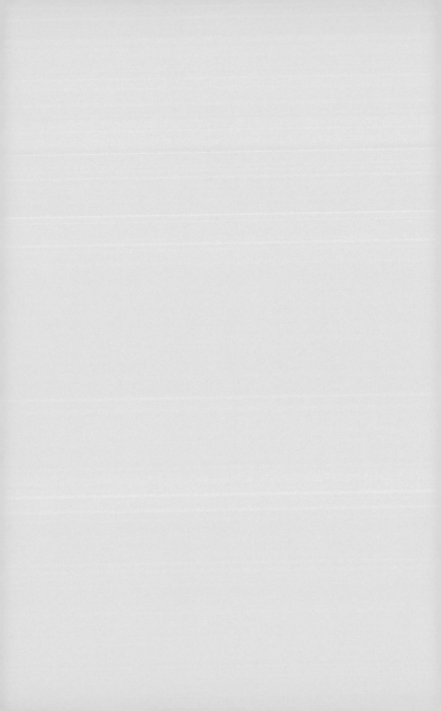